槍ヶ岳を望む北アルプス鏡池にて　2015 年夏

日本300名山最終踏破　北アルプス　霞沢岳にて

結成当時の「みのハイキングクラブ」のメンバー
美濃市　片知渓谷

「みのハイキングクラブ」赤木沢沢登り

北海道　ペテカリ岳にて

マッターホルンを背景にスイス・ツェルマットの山小屋にて

エベレストを展望する
カラパタールにて

ペトロフスキー峰を
バックに

浅子の作品あれこれ

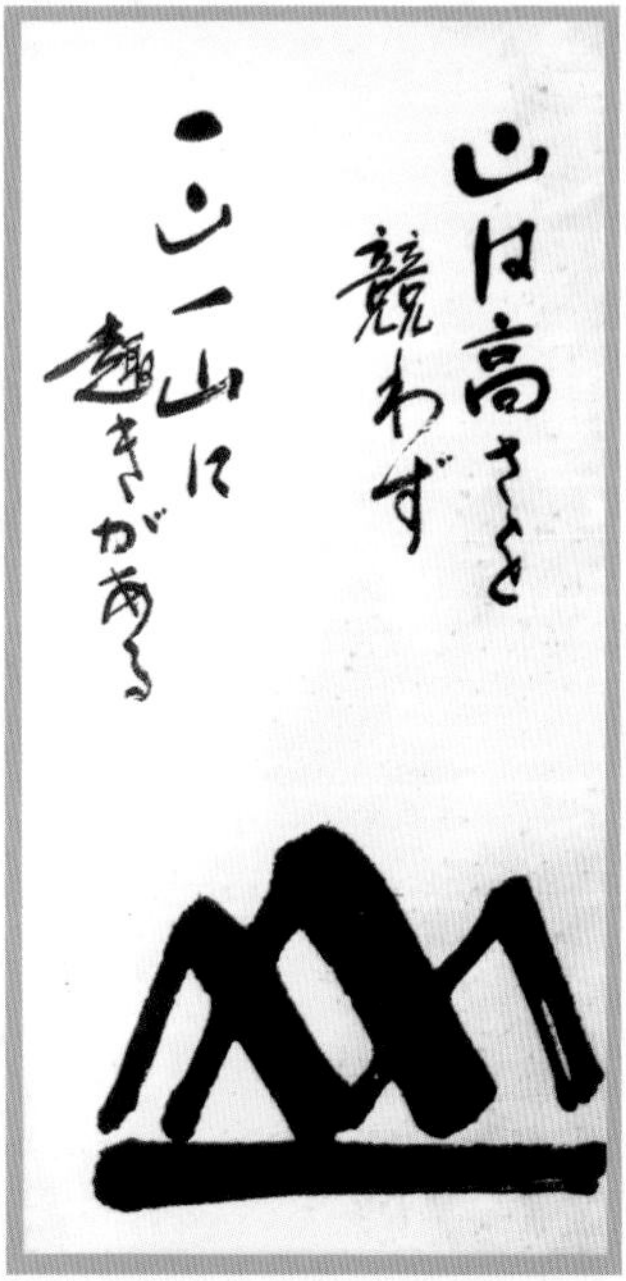

ちぎり絵「水面は舞台」

七福神

ちぎり絵「秋彩森林鉄道」

五月飾り

日本三百名山から世界の山へ

山登り人生を振り返って

澤田善太郎
澤田浅子

岐阜新聞社

目次

第2章　祭りと山と

第3章　海外登山

〈第2部〉　妻と私、そして山仲間のこと

第1章　生い立ち

まえがき

夫婦共々90歳も間近となった今、これまでの半生をあらためて振り返り、決して十分ではなかったかも知れないけれど、自分たちなりに、懸命に生きてきたといえるだろうかと、自問している日々です。

そして、能力の限界や力量のなさから、社会への恩返しもあまりできずじまいで恥ずかしい限りですが、一社会人として真摯《しんし》に精一杯生きてきたつもり、という誇りは持っています。

趣味のことや楽しんだ山のことなど、これもまさしく私たちの生きざまの半面ですが、もう半面には仕事や職場、生き方の問題、人生観とか世界観といった根本問題もあります。必ずしもまだ多くの人々の理解や賛意を得られていない側面もありますが、私たちは、社会がそこへの到達を願っている真の自由と民主主義、そして個性の全面的開花といったいわば理想へ向かって、大真面目に努力したいという願望を、曲げずに堅持し続けています。

このようにやはり私たちの今は、文字通りまだ道半ばに過ぎませんが、どうか、ご叱責《しっせき》と励ましをと、懇願してやみません。

澤田 善太郎

〈第1部〉　妻と私の山行日誌

第1章　国内登山

～300名山を中心に～

▲寺地山（1996ｍ）・笠ケ岳（2898ｍ）
北アルプス寺地山から縦走

1980年8月　善太郎

列車に乗り高山で降りてバスで神岡町へ。そこからはタクシーを拾って同町の打保《うつぼ》へ。林道を神岡新道入口まで入ってもらって下車。そこから午後1時に歩き始める。ぼくと中学1年の二男、朗の2人だ。

天気はあまり良くない。朗は夏休みだったが、ぼくの方はお天気を選べるほどのぜいたくはできない。寺地山《てらぢやま》を踏破し草地に無人の避難小屋のある場所に着いたのは午後5時半だった。

実はこの避難小屋を利用するつもりだったが、その中にはすでに先客の一家が入っていた。普通だったら、狭くなってもお互いさまで、「どうぞどうぞ」となるのだが、その大将けっこう意地悪で身勝手な「山屋」らしく、占領を決め込みたい雰囲気だった。こちらも押し問答してまで入りたくなかったので、「ま、いいや」と思い2人でテントを張った。そしたらそしたら、一大事が起こった。

他の生活用品はいろいろあるのに、肝心のガスボンベがないのだ。いくらザックをひっくり返しても出てこない。入れ忘れたのだ。しまった！テント泊に火の気がなければ致命傷だ。恥を忍んで近くのキャンパーに訳を話し、少し使わせてもらうことにした。夜中に雨が降りだした。そしてこの雨は、最終目的地の笠ケ岳到着まで、断続的に降り続くことになった。

翌朝はまず北ノ俣岳へ登ったが、他に登山者はなく、濃霧と草付きの単調な登りで、しかも重荷のため、3時間近くもかかってしまった。この日は黒部五郎岳を越えて五郎平まで行きキャンプした。

奥飛騨温泉郷から望む笠ケ岳

そして、またまた道連れになった若い人のお世話になった。その翌日もまた雨で、びしょびしょになりながら三俣蓮華岳《みつまたれんげだけ》を越え、双六岳《すごろくだけ》は巻いて双六小屋に着いたけれど、この雨の中でのキャンプにはさすがに嫌気がさし、自炊の小屋泊まりにした。ガスはまた小屋泊まりの方にお借りした。

双六の山頂はその翌朝にピストンした。この日もやはり雨で、またまたびしょぬれになりながら弓折岳、抜戸岳を越え、笠ヶ岳の山頂を踏み、笠ケ岳山荘で朝食付きの宿泊をした。

その翌日、今日は5日目で最終の下山日だ。神はぼくらを見捨てなかった。雨は上がり、霧は晴れ、槍穂の連峰はもとより、遠く富士山も見え、4日間雨の中を歩き続けてきた縦走路も見渡せた。胸が膨らむような満ち足りた気分で笠新道を下り、帰途についた。

（みのハイキングクラブ「会報」22号）

常念山脈

結婚20周年を記念し北アルプス登山

1981年　浅子

夫と2人でテントを担ぎ、食料や炊事道具も持って常念山脈を歩いたのは、もう40年も前のことになります。このときは結婚20周年記念の山旅というわけで、ちょっと豪華版の4泊5日、最後の泊りは、新婚旅行の途中で泊まったことのある平湯温泉の宿でした。

8月5日の早朝、車で家を出て豊科に駐車、タクシーで三俣へ入り登っていきました。その登りの長かったこと長かったこと、いまだにしっかりと印象に残っているくらいです。そしてやっとのことで蝶ケ岳ヒュッテの所へ着いたのは、まだ夕方には少し早い午後4時半ぐらいのことでした。登りの間ずっとガスが濃くて視界は50～60m《メートル》からせいぜい100m《メートル》ぐらいまで。他に登山者はいなくてとても静か、寂しいくらいでした。

まだ盆前という時期でしたのに、そんなに汗だくになるような暑さでもありませんでした。そのガスが、稜線《りょうせん》へ出て間もなくすると、さーっと拭うように取れて晴れてきたのです。「うわーっ」と思わず声が出てしまいました。梓川を隔てたその向こう側に、穂高連峰が迫るように「ドカーン！」と現れたのです。それまでのいちずな登りが全く展望なしだっただけに、その迫力は強烈でした。右手には鋭い尖峰《せんぽう》が立ち上がっていて、「あっ、あれは槍だ」とすぐに分かりました。

○常念岳（2857m）

次の日は快晴となり、槍穂の大展望をぜいたくに楽しみながら常念へ登っていきました。この時は大汗をかきましたので、頂上で大休止をとって少し昼寝もしました。そして「常念《じょうねん》乗越《のっこし》」へゆっくり下って2回目のキャンプをしました。その夜は放射冷却というのかかなり冷え込み、朝早く小屋から出てきていた方が「今朝薄氷が張っていた」と言ってみえました。

○燕岳（2763m）

3日目は大天井岳《おてんしょうだけ》を越えて燕岳《つばくろだけ》（2763メートル）までしたが、天気はもう下り坂、午後からは風が出てきて雨も少し降ってき始めました。燕山荘にザックを置いて私は燕岳の山頂まで往復してきましたが、夫は北燕まで足を延ばしてくるといって足早に先を急いで行きました。後で聞いてみましたら、北燕はコマクサが一面びっしり咲いていて、斜面がピンク色だったと話してくれました。

この日の夜は燕山荘に泊まることにしました。ちょうど今年は小屋の開業60周年になるとのことで、宿泊者に記念のバンダナをプレゼントしてくれました。

（みのハイキングクラブ「会報」12号）

常念岳頂上にて

▲願教寺山（1691m）・丸山（1786m）

奥美濃石徹白のやぶ山

1982年6月　善太郎

まる2日間、たっぷりの大やぶ漕《こ》ぎという単独の山旅であった。

残雪期に行きたかったのだが、その暇がなく、雪は別山、白山方面にはまだだいぶあるようだったが、ここ石徹白《いとしろ》辺りのコース上には皆無であった。

8日は願教寺山《がんきょうじやま》だったけれど、かなり難渋した。しかし9日の丸山は、それに劣らぬ猛烈なやぶの連続で、最初から全コースこの調子だと分かっていたなら、あるいは見合わせていたかもしれないほどのものであった。

もう少し行けばやぶが薄くなるかもしれない……と、勝手な願望を抱きながら遮二無二ヤブをかき分けて突進した。

願教寺山へのコース上にあったわずかな池塘《ちとう》（湿原の泥炭層にできる池沼）とミズバショウ。丸山コース上の小ピークにおけるコバイケイソウの楽園は、ほんのひととき、心和むものがあった。

予定では、丸山からさらに芦倉山まであったが、時間的にとても無理であった。

願教寺山の3等三角点は確認した意味があった。

丸山の2等三角点は、やぶの中をずいぶん探し回っていたら、なんと足下に、ほんの3センチほどの頭が出ていた。激しいやぶ漕ぎの後だっただけに、これを発見したときのうれしかったことといったらなかった。

（みのハイキングクラブ「会報」22号）

▲谷川岳（1977m）
「魔の山」谷川岳一ノ倉沢の衝撃

1989年10月　善太郎

この年の10月15日、ぼくら夫婦は群馬県の武尊山《ほたかやま》へ登った。その帰途、わりと近くにある谷川岳へ向けて車を走らせた。谷川岳は、いつか登りたい山の一つではあったが、その時は武尊山に登って帰るだけの日程であったため余裕がなかった。ではなぜ谷川岳へ向かったのかというと、目的は一ノ倉沢を眺めるためであった。

山登りをする人で谷川岳を知らぬ人はいないだろう。この山がなぜそんなに有名なのかというと、そこに日本三大岩場の一つ一ノ倉沢があるからということに加えて、この山での遭難死者数がその時点ではすでに790人にものぼり日本一、いや世界一でもある〝魔の山〟といわれていることによるものといってもいいだろう。だからぼくの頭の中にもこの山の名前は長年にわたりこびりついたままになっていた。

三大岩場のうちの二つ、穂高と劔の場合は、険しい山登りをしてそこまでたどり着いた人でないと眺めることができないのだが、この一ノ倉沢だけはその出合いまで車で入ることができ、登山をしたことのない一般の観光客でもその全容を望見できる

一ノ倉沢

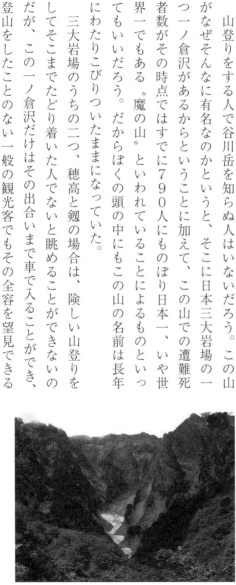

のだ。

ぼくはその時、沢の出合いの路上に立って、その一ノ倉沢を見上げた。体中に電撃を受けたようなショックだった。人間などが近寄ることさえ許さない圧倒的な岩の大伽藍《がらん》を仰ぎ見たとき、そこから何か霊気が迫ってきて思わず「おおっ！」と後ずさりしてしまうほどの圧力を感じた。「すっげえなぁ！」という感じも声までにはならなかった。

だからその時は、その沢へたとえ一歩なりとも下りてみるとか、あるいは入ってみたいなどということは、思うことすらあり得ないというほどの衝撃であった。


（みのハイキングクラブ「会報」13号）

▲ 北海道　さまざまな山との出会い　2002年6、7月　善太郎

今度の北海道行きは、一つのテーマとして、しばらくこだわってきた日本300名山を「もういいかげんここらで終わらせよう」という思いがあって出発した。だから日程にも余裕を持たせ、「一つだけ残した。二つも残った」などとならないようにと思いつつ出かけた。そして往復ともにフェリーを使うことにした。

しかし、いくら日にちがあるからといっても、雨降りばかりが続いていたのでは、一つも山には登れない。北海道といえども、ガイドブックのカラー写真のように、青空と白い雲なんていう日ばかりではないのだ。実際、ぼくらが行っていた期間は悪天候が多く、最後の山の登頂は、台風が北海道へ

上陸するという前の日になった。

登り続けた6座の一つ一つには、北海道らしい個性があり、山の置かれている条件も異なっていた。

○狩場山（1519・9m）　道南の最高峰　6月28日

新潟港を朝10時過ぎに出て、小樽港へは翌日の明け方に着いた。国道5号、229号を通って島牧村に入り、千走の道の駅で一休みした。狩場山《かりばやま》の登山口のある賀老《がろう》高原は思ったより閑散、荒涼としたところだった。午前8時半ごろにはもう着いた。

登山口とコースは、新道と旧道の2カ所あったが、旧道のほうは通行止めの看板が取り付けてあったので、新道のみでピストンすることになった。目立たぬ登山口で一度林道をだいぶ通り過ぎてしまい、またUターンして戻り、車を止めた。山頂まで約3時間の登りだった。お花畑あり、雪渓あり、急登ありで、ハイキングの域を超えていたが、なかなか楽しかった。頂上には小さな赤い鳥居があった。

この後、後半に登ることになった暑寒別岳《しょかんべつだけ》で、単独の青年に出会ったとき、その人は「狩場山でクマに出会った。ほんのわずかしか離れていなかった。クマはお尻をこちらへ向け、やぶの中に頭を突っ込んでいた。全く肝を冷やした」と話してくれた。

○渡島駒ケ岳《おしまこまがだけ》（1131m）　活火山の山　6月29日

渡島駒ケ岳は有史以前から活発に爆発を繰り返している山で、1996年と1998年にも小噴火をした。当然登山は禁止になっている。ぼくらは3年前の夏、それを知らずにこの山へ向かった。登山口になる駐車場のはるか手前から厳重に施錠されたゲートがあり、断念せざるを得なかった。

今回の2002年6月時点では、噴火活動は小康状態になっているとのことだったが、登山禁止のゲートはまだ続いていた。だから、例えばその車道をテクテク歩くにしても、この最も一般的な赤井川コースへ入ることは、不届きで非常識、無謀なことなのだ。登山者の風上にも置けないやつらだということになる。危険だからそこから入ってはいけないということなのだ。それでぼくらは、そんなことはしなかった。

未確認の情報によると、もしそこから入ると、サイレンが鳴るとのことだった。

そこで、ぼくらは全く別の、ゲートなどはもうけられていない銚子口コースというのをとることにした。赤井川コースだと6合目まで車が入り、1時間もかからずに馬の背に登れるのだが、ぼくらは大沼湖畔から歩き始め、4時間以上かけて剣ケ峰まで登った。

噴煙は1カ所小さく細くゆらゆら出ているのみだったが、馬の背から先には、大きな亀裂が幾筋も走っていた。剣ケ峰頂上部の岩場はもろく、崩落が激しくなっていて、極めて危険な状態だった。幸いこの日の天気は良かったので、他には誰もいない静かな山頂からの大沼などの俯瞰《ふかん》には、もったいないくらいのぜいたくさを感じた。

○神威岳（1600・5m）　クマに遭遇　7月2、3日

日高山脈には、日本300名山に入っている山が4座ある。幌尻岳《ぽろしりだけ》、カムエク、ペテガリ岳、そしてこの神威岳《かむいだけ》だ。いずれ劣らず一筋縄ではいかぬ山ばかりだが、このうちの神威とペテガリの二つを残していた。理由は、林道崩壊と工事中の繰り返しで、もう2度3度と足踏みをさせられてきてい

たのだった。

ところがあるとき、友人のT氏が「３００名山」をやっている人たちに聞いたといういい話を持ち込んでくれた。こうした難峰の攻略に関する情報は、山好きの間で友好的にやりとりされることがよくあるのだが、「神威、ペテガリが登頂可能になった、ついては何人かで行こう」という話しがでているとのことだった。それに私たち二人も加えてもらうことになったのである。

一行はぼくらを入れて9人。浦川町荻伏から林道へ入っていったが、恐ろしく長い悪路で、別名を「パンク街道」というらしい。途中で林道の大崩壊を修復したと思われる箇所を見た。「ここが崩れて、以前ぼくらはUターンさせられたのだったなぁ」と思った。

初日は神威山荘まで入って泊まり、翌朝5時に出発した。コースのおよそ3分の2は道のない沢登り、３分の１は背の高いササがかぶるやぶっぽいところだが、一応踏み跡は残っている。足ごしらえはむろん渓流シューズで、沢を離れて尾根に取り付くところでシューズを「デポ（留保）」した。尾根は急登の連続で、時々立ち休みをしながら登っていった。全行程の標高差は１２００メートルを超える。

標高で１３００メートル辺りを過ぎたところだった。先頭にいた2人が「あっ、クマや」と言って尾根の左手下方を指さした。笛を持っていた3人ほどが一斉に「ピリピリッ、ピリピリッ」とやった。深いササやぶの中なので、クマはすぐに茂みの中へ入ってしまい、ぼくらが「どれどれ、どこどこ？」と言って登っていったときには、もう姿は見えなかった。大きくて茶色っぽかったと言っていた。

およそ5時間をかけて登り着いた山頂には、大展望が待っていた。中ノ岳、ペテガリ岳、ヤオロマップ岳、そして遠くカムエクの頭もちらっと見えた。南日高山脈のうちの一つ、神の山カムイ・ヌプリには静けさがあった。

○ペテガリ岳（1736・2m）　はるかなる山　7月5～7日

この山へ入るには、日高の静内町（現在の日高郡新ひだか町）から林道を使ってまずペテガリ山荘まで入るのだが、絶えず崩落修復のための工事が行われていて一般車通行禁止が続き、神威岳と合わせて見送りを強いられてきた。そのため今回の北海道行きの少し前のことだが、神威山荘から沢沿いに、山越えしてペテガリ山荘に至るルートが採られるようになった。もちろん登山道などあるはずがない。この間は直線で約6キロあり、それをS字状に沢を伝い、古い林道跡も利用する。

神威岳もペテガリ岳も、南部日高、中部日高の名峰中の名峰とあって、地元浦川町や静内町では夏になると町民登山大会をやったりする。これももちろん林道事情でよく中断を余儀なくされてきた。

ペテガリ岳は、結局3日がかりとなった。1日目は神威山荘まで車で入り、渓流シューズを履いてニシュオマナイ沢を遡行《そこう》した。そして標高650メートルほどの峠を越え、今度はベッピリガイ沢の源流を下ってペテガリ山荘に至り宿泊した。山荘といってもいずれも避難小屋だ。ベッピリガイ沢では、クマの大きな生々しい糞《ふん》を目撃した。この辺りはヒグマの巣なのだという。

ペテガリ山荘からのコースは、踏み跡があるもののその距離の長いこと長いこと。片道8・4キロで標高差は1300メートルを超える。登りに6時間半かかった。そして待望の山頂に到達。この山の初登頂は1932年だというから、いかに険悪な谷に囲まれた難峰であったかが分かる。

頂上に立って眺める日高の山並みには、原始という言葉がぴったりたりするように感じた。その日はペテガリ山荘まで下って泊まったが、下りではだいぶ雨にたたかれた。翌日の峠越えも雨だった。

○暑寒別岳（1491・4m）　「北海道の尾瀬」を歩く　7月8日

7日の午後、ペテガリ山荘から神威山荘、浦河町へとびしょぬれで戻ったぼくたちは、まずは何はともあれと温泉へ飛び込んだ。そのあと、同行したK氏らと4人で「あしたは暑寒別岳《しょかんべつだけ》」だと決め、ぼくらの車で道東自動車道と道央自動車道を飛ばして、その日のうちに南暑寒荘まで入って泊まった。

翌朝はまだ明け始めの4時半ごろにもう出発した。この山の山中には避難小屋などないため、登山は増毛側からのピストンが多い。でもせっかくここまで来て、北海道の尾瀬といわれる雨竜沼《うりゅうぬま》湿原を歩かぬ手はないと、あまり天気は良くなかったけれどもこの大縦走をやることにした。途中の小休止も含めて12時間半かかった。

湿原は東西4キロ、南北2キロ、大小の池塘が100個以上も点在するというものだ。尾瀬と同じように木道を歩くようになっている。花は残念ながら6月下旬の寒波にやられてしまい、全滅に近かったが「湿原の女王」ミズバショウは健在だった。山頂付近に行くと、その後の芽出しと開花のためか、美しく咲き競っていた、サンカヨウ、チングルマ、ワタスゲ、キンポウゲなどなど。同行のK氏が花に詳しく、いろいろ珍しい花を教えてもらったが、とても覚えきれなかった。

暑寒別岳のミズバショウ

登山者には数人に出会った程度だった。狩場山でクマに出会ったという青年は、縦走路にある1峰の南暑寒別岳山頂にいた。気温は低く、登りでササがぬれていたためびしょびしょになり、山頂では寒くてじっとしていられないほどだった。下山して南暑寒荘に泊まる予定だったけれど、風呂へ入って暖かくなりたいということになり、タクシーを呼んでおいて増毛町まで行き、ぜいたくにも民宿泊まりをした。

○ニセイカウシュッペ山（1883m）　北大雪の名峰　7月10日

登頂を予定していた6座のうちの最後の山になった。この山も、これまで林道がかなり奥深く入っていたが、一般車は入ることができず、層雲峡の近くの清川から往復で9時間ほどもかけなければならなかった。ところがその後、森林管理署が北見峠方面の中越から入る林道を一般車に開放したため、登山口まで車で入れることになった。登山者にとってはうれしい限りだ。山道を長時間歩くのはかまわないけれど、それが林道ではどうにもいただけない。

ぼくらは山頂での憩いも含めて往復6時間でこの山を楽しむことができた。頂上からの眺めは抜群で、層雲峡をはさんで表大雪の山々が間近に見える展望台というところだった。花も多い。エンレイソウ、エゾノツガザクラ、アオノツガザクラ、エゾツツジ、とても覚えきれぬほど、あるはあるは……。

今日の天気はまあまあ、たいして大きなアップダウンもない。最後の山にふさわしく、ぼくら2人はのんびり楽しみながら、気ままにぶらぶらと下っていった。

確保しておいた日程にはまだ余裕があるので、「この後どうしようか。明日は黒岳へでも登って大雪山をゆっくり眺めて遊ぶことにするか」などと言いながら「かんぽの宿」へ入ってひと風呂浴び、テレビの天気予報を見た。このところ天気はあまり安定してはいなかったが、なんと明日は台風が北海道へ上陸するというではないか。そしてその後も雨や悪天が続くという。これでは黒岳や観光どころではない。こうなったら「尻に帆かけて逃げ帰ろう」というわけで、その日は一気に滝川まで行って泊まり、よく11日には小樽港へ走り込んでフェリーに飛び乗った。雨はもう10日の夕方から激しくなってきていた。

日本300名山は、あと北アルプスの霞沢岳《かすみざわだけ》一つを残すのみとなった。

（みのハイキングクラブ「会報」8号）

霞沢岳（2646m）
日本300名山最後の山

2002年8月　浅子

岐阜県に住む私にとっては、北アルプスは地元の山である。私が毎年くらい登る焼岳から見る霞沢岳《かすみざわだけ》は、目の前にあり穏やかな山容である。

6月下旬から7月の初旬にかけて登った北海道の神威岳と、そしてペテガリ岳。もう難関は突破できたという安堵《あんど》感。そしていよいよ霞沢岳。それも、近場の山という気安さ。山仲間が一緒というされしさも加わって、山行にしては遅い朝の7時に美濃市役所を出発した。

上高地バスターミナルへ10時50分着。のんびりと上高地の雑踏や空気に触れての昼食後、徳本《とくごう》峠をめざして歩き始める。徳本峠小屋へは午後2時50分に着いた。シーズン中でもあり、定員30人のところ今夜の宿泊客は50人と超満員である。この徳本峠越えは、釜トンネルのできる以前は安曇野から上高地へ入る唯一の登路で、かつての名だたる登山家たち、そしてウェストンもここを通ったことから、今でもこのコースを歩くことを目的に来るハイカーも多く人気がある。

早々と夕食を済ませると、私たちは明朝が早いので、一番入り口に近い所に休ませてもらう。翌日は早朝の5時に出発し、霞沢岳の山頂にはもう9時25分に着いた。天候もまあまあで、穂高連峰が展望できる。

頂上での尽きない格別な感激に、私たちは後ろ髪を引かれる思いで帰路につく。徳本峠には午後2時45分着。昔懐かしい趣をもつ徳本峠小屋に別れを告げ、ひたすら上高地バスターミナルへの道を急ぐ。明神館を過ぎたころ夕立がきた。もうすぐバスターミナルだというのに、あいにくの雨ではあるが、これも天からの恵みかと思えば甘受できた。バスターミナルには午後5時45分着、美濃には午後10時55分。

この2日間、しっかりと山に浸ることができた、有終の山旅であった。

（みのハイキングクラブ「会報」8号）

徳本峠小屋にて（1番左が善太郎、右から2人目が浅子）

日本300名山を登り終えて
踏破に46年の歳月

2006年8月　浅子

北は北海道の利尻山《りしりざん》から、南は屋久島の宮之浦岳までの日本300名山を、前項の霞沢岳登頂をもって夫婦で登り終えることができ、ホッとしている。今にして思えば、日本300名山を登りきるなど夢のようなことだと思っていたのに……。登り始めてから実に46年かかったことになる。私の人生の大半は、山との関わりの中にあったように思う。

私は一つの職場で18歳から定年の60歳まで42年間働き続けた。その間、結婚、子育て、近親者の死などなど、さまざまな節目節目の喜びや苦しみ、悲しみがあった。それらを山は全部受け止めてくれた。自然と向き合い、また山に抱かれることにより限りなく励まされ、癒やされてきた自分に気づくこのごろである。

日本300名山の中にはいろいろな思い出がある。苦労して登った山ほどいつまでも心に残っている。

○ 深山幽谷に分け入って

北海道・カムイエクウチカウシ山の岩場では滑落した。

広大な雨竜沼湿原からの暑寒別岳では、1日中雨に降られ、13時間の行程をただ足下だけを見て歩いた。その足下にはコケモモ、チシマヒョウタンボク、ツマゴイソウ、チシマフウロウ、エゾシオガ

日本300名山制覇で仲間とともに登頂を喜ぶ沢田善太郎さん・浅子さん夫妻（前列中央）と仲間たち＝長野県、霞沢岳

長野・霞沢岳で達成

美濃市の沢田さん

日本300名山 夫婦で制覇

登山愛好者沢田善太郎さん（六八）・浅子さん（六八）夫妻＝美濃市広岡町＝が四日、霞沢岳（長野県、標高二六四六メートル）の登頂を無事に終え、日本山岳会が選定する日本三百名山を制覇した。沢田さん夫妻は「自然の素晴らしさに引かれながら登り続けてきた結果です」と喜びを語った。

仲間と喜び分かちあう

沢田さん夫妻は、二十代のころから趣味で登山を始めた。一九五六（昭和三十一）年に伊吹山へ登ったのを皮切りに、退職後は多い年で百三十山を登頂、最近では七十−八十山のペースで登っている。現在は日本山岳会、みのハイキングクラブに所属している。

三百名山の中には、訪れる人が少なく登山道が整備されていない山も多い。しかし、沢田さん夫妻は「それだけ手付かずの自然が残されている。北海道や東北の山で見た見渡す限りの花畑やブナ林が忘れられない」と話す。

約十㌔の荷物を背負い、一日に十三時間近く歩いた日もある。「普通の観光旅行では満足できないことが多い。山へ行くと野性の感覚を取り戻すことができる」と山の魅力を語る。

霞沢岳には、みのハイキングクラブの仲間ら十一人と一緒に登頂。かつて著名な登山家が登山ルートとした徳本峠を越えることができ、感慨深かったという。

九月には韓国の雪岳山へ登頂予定。海外の山にもどんどん挑戦したいと意欲的だ。

2002 年 8 月 7 日付 岐阜新聞

マ、ツマトリソウ、エゾコザクラなどがいっぱい咲いていた。長い長い1日は霧に閉ざされていたが、暑寒別岳の頂上ではパッとガスが晴れ、チングルマやハクサンイチゲの群落に迎えられた。こんな所に、こんなに美しい花園があるのが夢のような気分であった。また、ここにしか存在しないというマシケゲンゲに出会えたのも印象深い。

奥深い山ほど、自然がよく残っていて花も美しい。人を寄せ付けないような厳しい山もまたよし。東北や越後の山々には、人があまり入らず静かで、ブナ林が延々と続くような所もある。朝日連峰、飯豊《いいで》連峰は、特に人と自然との深い協調と共生があるように思った。佐渡・金北山のカタクリの花の群落も見事である。ただし、山頂にある自衛隊の施設だけは、なんとも「艶消し」なものであったが……。

北アルプスは全体として、人が入りすぎていて、自然が壊されている感じがする。

○私が感じた各地の山の模様

北海道、東北、越後の山は、人があまり入らずきれいだ。

中部地区・北アルプスは、人が多く入りすぎていて山が荒れている。

中国地方の山は、広大で緩やか。

九州は、さすが「火の国」といわれるだけのことはあって、現在も噴火していたり噴煙を目にしたりする山が多い。


古希を迎えるまでは山行を続けたいと願っていた私は、なんとかそれまでに日本300名山も登り終えることができた。健康と夫をはじめ多くの山仲間に支えられて、毎回楽しい山登りができたことに感謝している。

今は若いころに比べて歩く速度も遅いが、その分、あまり休まずゆっくりゆっくり周辺の景色や足下の草花を楽しむ。小鳥のさえずりにも耳を傾け、友との語らいに喜びを感じる。今後も何らかの目標を持ち、自分の体力と相談しながら、山歩きを続けたいと思っている。

私には山歩きそのものも楽しみだが、登山後の温泉ももう一つの楽しみである。その地方地方の文化や歴史、史跡をたどることや、地元の人たちとの語らいなども。また、食生活や食文化の違いにも大いに興味がある。なるべく地元の人と話ができる大衆的な食堂や居酒屋に入り、その地域の人たちと触れ合うようにしている。

かくして北から南まで日本の片田舎、日本の原風景にも触れた旅を自分なりに楽しんできた。今まで登った山も、また季節を変えて登れば趣も変わり、春夏秋冬、楽しみは尽きないだろうと思っている。

（みのハイキングクラブ「会報」8号）

▲思い出の蝶、常念へ再び

2006年8月　浅子

今年の夏、夫はいろいろ自分のプランを持っているようでしたが、私には決まったものがありません。うちとしてもどこか夏山らしいところへ行こうよと相談しました。どこがいいだろうか。わりと手軽に行けて夏山らしい充実感も得られるところというと、どこがいいだろうかと考え合いました。そして燕岳と大天井岳なら2泊3日くらいで行けるなぁ、というところへ落ち着いたのでした。それには「夢よもう一度」という期待感も実はあったのでした。

そしてこのことを「うちら、こうよ」とFさんに何気なくお話ししていたら、「ちょうどうちらも空いているときなのでご一緒しましょう」とおっしゃって、8月の20～22日の日程で、と決まったのでした。あそこならコース上特に懸念されるようなことは何もないだろうとは思っていましたが、それでも念のためということで、夫が常念小屋の松本事務所へ問い合わせてみたところ、意外なことが判明したのでした。

つい1カ月ほど前に長野県を襲った豪雨災害で、三俣へ行く道路が決壊し、車止めから三俣までは相当長く歩かねばならぬこと。須砂渡《すさど》から一ノ沢経由で直接常念乗越へ上がる道路も決壊していて、同じように途中から長時間歩かないと行けない状況になっていることが分かりました。「やっぱり聞いて良かったね」ということでしたが、あらためて、それじゃあどうしようかと思案しました。またあの思い出のコースをたどることは難しくなったけれど、2泊3日なら燕岳へ登って大天井岳くらいまでなら、行って来ることができるなぁ、と思いました。Fさんにこのことをお話しすると「いいよ、いいよ。それで行こうよ」とおっしゃって、結局Fさんご夫妻と私たちの4人で行くことになりました。

1日目は中房温泉まで行き、車止めでテント泊しました。Fさんらが車を出しテントも持っていって下さいました。2日目の8月21日は、早朝に出発したおかげで、燕山荘へは午前10時半ごろにもう着いてしまいました。登りの途中で一休みした合戦小屋では、小雨があって涼しいくらいでしたが、名物のスイカを食べました。1切れ800円だったけれど、それを四つに切ってもらってみんなで食べました。なかなかおいしくて、結構満足しました。

初めの計画では、この日はのんびり歩きをして燕山荘泊まりをしようと考えていましたが、まだ午前中の10時半。天気はそんなに良くないけれど、大雨というわけでもないので、今日のうちに大天井岳まで行ってしまいましょうか、そうすれば明日が楽だから、というわけで、燕山荘ではあまり大休みしないで、町営大天荘《だいてんそう》の小屋まで行くことにしました。

雨具は着ていましたが、雨は大したことはありません。ただ展望が得られないため、黙々と歩くといった感じでした。大天荘の小屋に着いたころは、雨もやんでいましたので、ザックを小屋に置いて山頂まで行って来ました。この日の登りでも翌日の下りでも感じたのですが、大天井岳は山体も大きく、とてもどっしりした山だなぁとつくづく思いました。この小屋に泊まったのは初めてでしたが、とても感じの良いところで、今日ここまで頑張ってきてほんとに良かったなぁと思いました。

下山日の23日になると天気も回復傾向かと思われ、大天井・燕間では展望も広がって槍もよく見えるようになりました。槍の右手前に見えるゴツゴツとした鋸歯《のこば》状の尾根、あれがこの間3人で登った北鎌尾根や、と夫が言いました。遠望だから細かくは分からないけれど、なかなか険しそうに見えました。燕山荘に着くと、小屋の中へは入らずに外でザックを固めてデポ、燕の山頂へ向かいました。

山頂に着いて一休みしていると、ついでだから北燕まで行ってみない？ と夫が言うので、天気はまあまあだし行って来ようかということになりました。するとなるほどなるほど、夫が言っていたように、コマクサは燕岳周辺より多くありました。夫は「でもだいぶ少なくなってしまったなぁ、昔はこんなに歩道もはっきりしていなくて、花を踏んづけないように歩くのは骨が折れるほどだったのに」と盛んに言っていました。

山荘の前から中房温泉へ向かって下っていく途中のことでした。すれ違いかけた女性に声をかけられました。「みのハイクの澤田さんご夫妻では……」と。私にはとっさのことですぐには思い出せなかったのですが、お聞きしたらクラブOBのAさんでした。そういえば山へご一緒したこともあった方でした。息子さんと一緒で、これから燕、大天井、常念、蝶と縦走して上高地へ下る予定だと言っておられました。お元気で山を続けていらっしゃる様子に安堵いたしました。

合戦小屋からだいぶ下ったころでした。にわかに空が薄暗くなってきたかと思うと、雷鳴がとどろき始め、大雨に見舞われました。登山道は川のようになってきました。あのAさんたちは、きっと燕から大天井へ向かっての途中くらいだったに違いないけれど、どうされただろうかと気になって仕方がありませんでした。私たちが温泉へ下りてもまだ雨は大降りで続いていましたので、4人で下り立ったところにある中房温泉に飛び込み、この山旅をしめくくりました。


（みのハイキングクラブ「会報」12号）

▲雨の谷川岳一ノ倉沢から生還

2007年9月　善太郎

初めて一ノ倉沢を出会いから見上げ、大きな衝撃を受けてから、もう18年がたった。人の縁《えにし》には不思議な展開があったり、一つのチャンスというものが思わぬことから開けたりすることもあるものだということを、今度ほどぼくが感じたことはなかった。岩登りとしては、ほんのまね事くらいのことしかできていないので、クライマーとまではとても言えないこのぼくが、70歳代にもなってしまった今時分になって、一ノ倉沢を登ることになるかもしれないということが、現実のものとなってきたのだった。

9月23日からの3日間、Kさんと妻のK子さんがぼくの一ノ倉沢登攀《とうはん》のための日程を組んでくださった。Kさんはいうまでもなく日本勤労者山岳連盟の海外登山第一人者であるだけでなく、昭文社の山と高原地図「谷川岳」の調査執筆者でもある。一ノ倉沢や幽ノ沢の主要ルートは全て登攀経験済みという方だし、奥さんのK子さんは大岩壁で知られるアメリカのヨセミテ登攀も経験されている現役のフリークライマーだ。

そんなお二人の同行で一ノ倉沢を登れるなんて夢のようなことが、いよいよ実現することになってきた。

ぼくら夫婦は22日に吾妻耶山《あずまやさん》、23日の昼に谷川岳山頂へ登ってから午後土合《どあい》山の家へ行き、そこでKさんご夫妻と落ち合った。ぼくは登攀具を見てもらったりして準備を始めたのだが、どうも天気の方が気になって仕方がない。今日も午後からは雨であった。今もまだ小雨が降っている。明日はどうだろうか。テレビの天気予報を見ていてもどうも芳しくない。残念だけど、雨ではとても無理だから明日は停滞にしようということになった。

じゃあ明日1日をどういう風に過ごそうかで話し合い、宿で食っちゃ寝のゴロゴロではもったいないしということで、観光ドライブに行くことにした。結局その日は藤原湖や奥利根湖辺りまで足を延ばしてから尾瀬へ抜け、吹割ノ滝も見学したりしてから沼田を通って宿へ帰った。貴重な2日間のうちの1日がそんなことで終わってしまった。2日あれば2ルートは登れるかなと思っていたのに。

ついに残るは明日の25日1日だけになってしまった。天気は良くなるのだろうか。夕食後の天気予報では、明朝9時ごろまでは1ミリの降水量だが、その後は回復していくとなっていた。よし何とか希望が持てそうだなと覚悟を決め、朝5時に宿を出発しようということになった。

25日当日の朝、雨は降っていなかった。外へ出てみるとアスファルトはだいぶ乾いていた。よし、いいなぁと思った。昨日よりはいい。トイレも作ってある一ノ倉沢出合いの駐車場へ着いたのは5時15分ごろだった。ハーネスを付けたりして準備を始めていると小雨が降ってきた。「9時ごろまでの1ミリだな……」。でも、せっかく乾いていた路面がまたすっかりぬれてしまった。

宿で作ってもらった朝食用と昼食用のおにぎり弁当を、3人が車の中で開いて食べることにした。1時間くらい様子を見るか、と言っていたら雨はやがてやんだ。雨が続くのだったら無理だけど、やがて回復していくだろうという予報に期待して出発した。でも岩はすっかりぬれてしまったなぁ……。

7、8月ごろまでだと沢にはまだ残雪がしっかり詰まっているのでアイゼンを利かせて楽に歩けるらしいのだが、雪はもうほとんどゼロに近かった。結構やぶっぽい高巻きの踏み跡をたどっていくと、やがてヒョングリの滝を見下ろす所にきた。標高差は約50メートル。そこは一気に懸垂で降りた。

着いた所は一ノ倉沢の岩壁群に降った雨が保水力ゼロでストレートに集まる本谷で、本降りの雨になると鉄砲水となってとても通過はできなくなってしまう、とても危険な所だということだった。そこからは衝立岩中央稜テール・リッジの登りになった。残置ロープを使っての登りであったが、岩に薄く砂やコケが付いていて、それがぬれているのでよく滑る。大いに神経を使わされた。テール・リッジを登り詰めた所で、出合い出発後3時間半が経過していた。

リードのK子さんが「この中央稜にしようか、もう少し先の烏帽子沢奥壁・南稜にしようか」と私たちに言った。どちらも一ノ倉沢では人気のルートである。岩がぬれているからホールド、スタンスのしっかりしている南稜にしようということになった。それで、そこから烏帽子沢奥壁基部をトラバースして、南稜の取り付きとなる南稜テラスへ向かったのだが、これがまたぬれているため滑りやすく、神経がすり減る思いであった。

南稜はチムニー、フェース、カンテと一通りそろっていて、しかもそれらがすべて標準的レベルの難度をもっているため、昔も今も変わることのない人気の高いルートである。岩場の条件としては、少し岩が乾きかけてきたかなという状況となり、胸の高鳴りを覚えながらセカンドで登っていった。

上ではK子さんが確保してくださっているし、後ろではKさんが見守っていてくださるので、大船に乗った気持ちでぼくはわりと調子よく登っていった。その辺りの岩場のグレード（難度）は4級である。しかし、ぼくにとってはそんなに簡単ではない箇所もそのうち出てくるようになってきた。背後はるか下の滝沢下部より立ち上がっている広大な滝沢スラブを見ると目がくらむようで、しっかりしたスタンスに立っていても、谷底へ吸い込まれていくのではないかというほどの高度感だ。そして今登っている南稜の上部には、特徴のある烏帽子の岩頭が時々姿を見せる。チムニー（体が入るくらいの岩の割れ目）を登り始めるころ、またまた小雨が降り始め、せっかく乾きかけてきていた岩をまたまたぬらしてしまった。時間は午前11時を回っていた。K子さんが「登りのタイムリミットは午後1時ごろだね」と告げた。

20メートルの第1ピッチを登り、25メートルの第2ピッチを登っていったが、小雨は降り続いていた。ガスが深く垂れ込め、視界はせいぜい30メートルくらいかという状況になってきた。雨量が増せば鉄砲水で本谷が渡れなくなり帰路を絶たれてしまう。回復傾向かと思っていた天気予報も、急変しやすいここ一ノ倉沢には通用しないのかもしれない。小雨は止むどころかひどくなるのではないかというふうにすら感じられた。

2ピッチを終了したところで、心配だから登高はここまでにして下ることにしようという判断がなされた。そしてそこからの下りはかなりの危険が伴った。懸垂下降とクライムダウン（手と足での登高とは逆に、手と足で下っていくこと）で、登ったときよりも時間がかかった。絶対に事故を起こさないために繰り返しロープが出された。雨はいよいよ本降りとなり風も出てきた。本谷の通過は無事できるだろうか。

「手間取ってもいいから、確実で慎重な操作をしよう」とK子さんは言った。ヒョングリの滝は、その中間点で滝をトラバースするところがある。その手前までまずK子さんが降り、その後にぼくが続いた。K子さんはトラバースの箇所へロープをセットし始めていた。その時、最後に降りていたKさんが「あぁーっ！」という声を上げた。ぼくらは何事かと思って後ろの上部を見上げた。

なんと、K子さんとぼくが使って懸垂で降りてきた残置ロープの中間支点になっているハーケンが抜けてしまっているではないか！　でも幸いKさんの使っているそのロープは、ハーケン・カラビナを通して上部のロープに連結されていたためKさんは落ちな

無事下山した私（左）とKさん

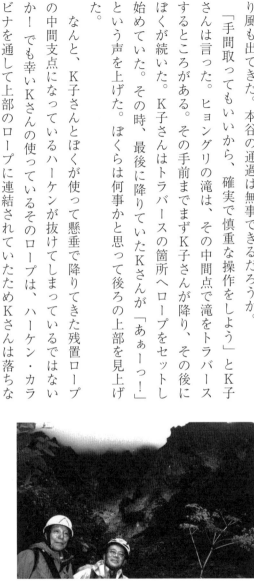

いで済んだ、まったく冷や汗ものだった。

残置ロープというのは信用できないので、いつでも疑ってかかり、だましだまし使うのではあるけれど、やっぱり「信用できないものだなぁ」ということを確認し合った。本谷は、水量がまだそんなに多くなっていないうちに徒渉《としょう》できてまずはやれやれ、ヒョングリの滝が本谷へ落ちている地点からの50メートルの登りもクリアでき、ようやく高巻きのコースへと入ることができた。

9月下旬の一ノ倉沢、雨の日の夕暮れは早い。出合い到着の午後5時40分はもう薄暗くなり始めていた。終始で11時間50分の行動であった。一ノ倉沢には既存80本のルートがあるということだが、この日この沢に入ったパーティーは他に一つもなく、ぼくらだけであった。天気予報に望みをかけたのだとはいえ、このような悪条件下でよくも入らせてもらえたものだ、Kさんご夫妻の同行であったればこそだ。ぼくのような素人クライマーがよくぞ無事生還できたものだという感慨で胸がいっぱいになった。

ぼくらは、すでに終了してしまっているはずのロープウエー駅で、やきもきしながら待っているに違いない浅子の所へ一刻も早く行こうと、身繕いもそこそこにして車を発車させた。

（みのハイキングクラブ「会報」13号）

高ボッチ山と鉢伏山

2011年6月　浅子

○高ボッチ山（1665m）

梅雨のさなかの山行ではあったけれど、予報によると今日1日だけは奇跡的に好天となっていたので、そんなに空模様を気にしないで関市役所を出発した。でも岡谷ICを下りて国道20号から高《たか》ボッチ高原への林道へ入ると結構濃いガスがたちこめてきた。水滴がバスの窓ガラスに付き、視界は100メートルほどかといった状況にも。ところが高度が上がるにつれて高曇りとなり視界は開けてきた。標高1643メートルの高ボッチ高原第2駐車場に到着したころには予報通り天気の心配はほとんどなくなってきていた。

準備体操やトイレを済ませた後、高ボッチ山へ向かう。ちょうど15年前に私たちがここへ来たときは、一面が花の世界であったので、今回も楽しみにして来たのだけれど、今年はどこも1週間から10日ほど開花が遅れているようで、残念ながら花は寂しいありさまだった。しかしレンゲツツジは一帯でちょうどいいあんばいに咲き誇っていて、まあまあかという具合に慰められた。他ではスズラン、キジムシロ、スミレ、オオヤマフスマ、コナシなどの花を見ることができた。

山頂からはガスの切れ間に眼下の諏訪湖を垣間見ることもできた。もし天気がもっと良ければ、南アルプスや富士山、八ケ岳、北アルプスなどの山並みも一望できるはずなのだったが、これは残念だった。

○ 鉢伏山（1929m）

その後は鉢伏山《はちぶせやま》に向かう。7割方はアスファルトの車道歩きであったけれど、3割はジグザグの車道を串刺しにするように山道を途切れ途切れに歩け、山歩きの気分をほんの少しだけ味わえたのはせめてものうれしさだった。そして間もなくユニークな造りの鉢伏山荘に到着した。

そこからは徒歩での入山だと1人100円、車だと駐車料金の支払いとなるゲートがあって、ちゃんと管理人さんがいた。鉢伏山の頂上一帯には草原が広がっていて、レンゲツツジはまだつぼみの先が少しふくらんで紅を付けている程度、それが風に揺れていた。7月になるとニッコウキスゲ、8月にはマツムシソウなど夏の花が続々と咲き競う楽しみな山である。山頂には鉢伏明神の石のほこらがあった。山辺や塩尻の人たちの雨乞い信仰の山だったという歴史を感じさせる場所でもあった。ちょっとした展望台があり、みんな代わる代わるに登って展望を楽しんだ。ランチタイムではみんながお弁当やおかずの交換をしたりするなど楽しいひとときを過ごし満足した。平井さんに集合写真を撮っていただいてから山荘へ下り、待機していたバスに乗っての下山となった。

帰路、崖の湯で入浴の予定だったけど、道幅が狭くバスは無理と分かった。それならどこで温泉に入るか、帰路のコースをどうとるかで希望を出し合う。結局温泉はカットし、木曽路を通って奈良井宿で遊ぼうということになった。奈良井宿は旧中山道11宿のうち、北から2番目の難所、鳥居峠を控えた宿場町。かつては「奈良井千軒」とうたわれ木曽路一番のにぎわいであった所だ。旧中山道沿いに約1キロの街並みが形成され、国の重要伝統的建造物群保存地区にも指定されている。NHK朝の連ドラ「おひさま」の撮影も行われたことが街角に記されていた。私たちはここを1時間ほどかけて散策した。

実を言うと、「花もいまいち、山歩きの楽しみもわずかで少々欲求不満だった方もあったのでは……」というところであったのが、この奈良井宿の散策でそれも癒やされた感があって、中津川からはまた高速に入った。

やさしくてひょうきんなリーダーさんのおかげで車中も和み、諸役のみなさんらのお骨折りのおかげで楽しく充実した1日となったことに感謝しつつ帰路についた。ありがとうございました。

（みのハイキングクラブ「会報」17号）

もう最後、たぶん最後の谷川岳

2014年7月　浅子

○二つの最後の意味

この最後という意味には、実は二つあります。はじめの「もう最後」というのは、実は、これまでにこの山へは3回の登頂経験があり、今回は4度目になるので、この山はおそらくこれがもう最後になるでしょうという意味です。そしてもう一つの「たぶん最後」というのは、ついに80歳代となってしまった今、「こういう遠方のきつい山にはもう来られないでしょう、たぶん今回が最後になるでしょう……」という意味です。

最初に登ったのは1995年の10月10日で、登山仲間の鷲見さんご夫妻やセッちゃん、それに長男も東京から駆け付けて参加した6人パーティーでした。上り・下りともにロープウエーを利用しました。車での往路には榛名山、復路には草津白根山へも登り、湯桧曽温泉には2泊するといった優雅な旅をしました。

幸いお天気にも恵まれ、私たち夫婦にとっては、日本100名山同時完登の山になるというものでもありました。

2回目の登頂は2007年9月23日で、前々項に詳述してあります。

3回目の登頂は2010年7月26日のクラブ山行で、この時は鷲見さんがリーダーを務められました。大型観光バス1台で往復、37人の大所帯でした。この時は前日に長野・小諸にある高峯山《たかみねやま》（2092メートル）に車坂峠から登った後現地入りしました。登山日の当日は大勢だからにぎやかで楽しく、ロープウエー利用の登下山でした。

この山は気象変化が激しいことでも知られていますが、この日も安定した快晴とまではいかず、雷注意報が出ていたりして、登頂後は早々に下山せねばなりませんでした。

○厳剛新道から「みのハイキングクラブ」の仲間たちと登る

そして今度の4回目。2014年7月25日で参加者は10人でした。計画は最初から、ロープウエーを使わず麓から歩いて登るというもので、コースは厳剛新道《がんごうしんどう》となっていました。夫も私もこのコースは初めてです。

前日は、世界遺産登録が決まったばかりの富岡製糸場に立ち寄って見学をした後、現地入りしましたが、なんと雨でした。でもそんなに大降りではなかったので、一般車通行止めの林道を歩いて登山口を確認に行き、そこから、身体不自由者や小児用の無料バスに、悪天で乗客ゼロだったため好意で乗せてもらいました。道中、一ノ倉沢の出合いからガスのかかる岩壁を展望したり、遭難者数世界一という谷川岳の遭難者慰霊公園にも立ち寄ったりして宿へ戻り、翌日の好天を祈願しました。

翌朝起きてみると、雨はもう降っていなくて予報では良くなるはずでした。出発は5時半でした。車でゲート手前まで行き、そこからは歩いて昨日確認しておいた登山口に着き、ストレッチをしてからスタートしました。

○無事頂上へ

ところが、上部の一ノ倉岳辺りを仰ぎ見ると、暗鬱《あんうつ》なガスが重く立ちふさがっています。歩き始めてしばらくすると、小雨がパラパラッとくるではありませんか。良くなるという予報は下界でのこと、この山では「そうは問屋が……」というところでしょうか。雨具を付けかけたり外したり、といった具合でした。でも雨はそれくらいで収まり、本降りにはなりませんでした。

コースは、マチガ沢を見渡せる第一展望台を過ぎるとロープや鎖、はしごも出てくる岩場登りとなりました。私が超高齢登山者のためゆっくりペースで登っていただけ、その分みなさんにご迷惑をおかけしていると思うと、気が気ではありませんでした。西黒尾根との合流地点であるラクダ（ガレ沢）のコル（尾根上のピークとピークの間の標高が低くなった箇所）まで、普通2時間半のところを3時間半もかけて登らせていただきました。

コルに到着したころようやく青空が見られるようになり、そこから山頂のトマの耳までは、岩場ではあるけれど巌剛ほどではなく、ストックをたたむこともなく登れました。みなさんはそこから最高点のオキの耳までピストンされましたが、私は山頂のトマの耳にとどまり、同じコースで道連れになった九州・福岡の若い４人連れの方らと談笑しながら食事をして過ごしました。その後は経験済みの下山路でロープウエーに乗り無事土合口駅に降り立ちました。

○下山後はゆったり

下山後がちょっと面白いのですが、温泉にゆったりと入り、水上《みなかみ》の街なかでおいしいごちそうをいただきました。そしてちょうど当日は夏祭りでみこしが出たりしていたので楽しく見物しました。無事登頂し下山できた満足感と快い疲れを癒やすゆったりタイムをとった後、北陸道経由で帰りましたが、関市到着は真夜中……、というより翌日の早朝くらいになってしまいました。

こういう遠方の、しかもきつい山へ集団の一員として登るのは今回がたぶん最後かと思っていますが、山登り、山歩きそのものの最後にはまだしたくありません。軽いハイキングだけならもう少し楽しめるのではないかなと、今回の谷川岳行を振り返って感じているところです。

（みのハイキングクラブ「会報」21号）

▲御嶽山（３０６７ｍ）
戦後最悪の火山災害の地に立ち

２０１９年９月　浅子

２０１９年９月、この日私たち夫婦は、御嶽山にいました。以前、私たちはこの山へ日帰りで何度も登ってきたりしましたが、今回は2泊3日をかけてのゆったり登山となりました。

この日は、あの大噴火からちょうど5年目。そして、今年になってはじめて、黒沢口登山道からのみ山頂剣ケ峰への登頂が許可されたのでした。噴火翌年の２０１５年９月27日にもこのコースから私たちは登山しましたが、その時はまだ９合目の覚明堂《かくめいどう》に設置された献花台までしか登ることができませんでした。

いま山頂部は少し整備され、頑丈なシェルターも2基設置されていました。亡くなられた58人と行方不明の方５人の方々のうちのご遺族何人かや近親者、友人、山を愛する人たちなど多くの人々と一緒に、私たちも黙とうをさせていただきました。

それにしても、あの生還女性が語られた言葉の数々は、私たちの心に、身体に、魂に、重くのしかかっていて、いつまでも薄らぐことはありません。

その方は40歳代で東京都の方でした。噴火から1年たって、「焼け死ぬのか、溶けるのかな……」という恐怖の中、一夜を耐えぬいた「あの時」を語られた思い……。私たちはそれを産経ニュースで知ったのでした。

噴火口に近い八丁ダルミで、その女性は容赦なく襲う噴石が後頭部や腰、背中などに次々と当たり、最後には身体が地面に沈むくらいの衝撃を左腕に受け、それは「痛い、熱い、しびれ。味わったことのない感覚」だったとのこと。おなかに重たいものを感じたが、それは噴石でちぎれた自分の左腕だった……。

貧血がひどく、何度も意識が遠のいた。腰も直撃を受けているため歩くことはできず、周囲にいたまだ動ける男性の登山者に、左腕の傷口からしたたり落ちる血を止めたいからといって、手ぬぐいで強く結んでもらった。腕をなくしたことは残念だけど、命を落とすことにはならなかった。「とりあえずここまで乗り切れたから、生きよう！」そう思った。

また、無事でいた別の男性登山者に、自分のザックからダウンジャケットやツエルトを出してもらい、防寒対策として体に巻き付けたため一夜を耐えられたのでした。３千メートルでは、明け方の気温が氷点下くらいになっていたかもしれない。

まる一昼夜耐えぬいたその女性は、翌28日の午前11時半過ぎ、ヘリから発見され救出されました。その女性は、夜になるまでは生存していながら、周囲で次々と亡くなっていった人たちとの「差」は、ダウンジャケットとツエルトを持っていたことだと思う……と、語っていました。そしてそのインタビューの最後に、「もし山へ行かれる方は、リスクを考えて準備をしてほしい」と、訴えていました。

（みのハイキングクラブ「会報」25号）

第2章　祭りと山と

越中八尾おわら風の盆

2004年9月　浅子

○夫を連れ出して

初めは何がきっかけだったのか今ではもう思い出せないのですが、私は富山の有名な盆踊り「越中八尾《やつお》おわら風の盆」に以前から強く心を引かれていました。そのうちに、このおわら風の盆はマスコミでもしばしば取り上げられるようになり、何だか観光行事化してきた感じがするなあと思っていたりもしました。それであっても私は、どうしても一度は八尾へ行って実際に接してみたいと思い続けてきました。

何しろ300年も続いてきたという伝統ある行事で、風とは台風のことを指しているというのです。立春から数えて210日目となる9月1日は台風の当たり日で、この「盆踊り」には、豊作を願い、唄や踊りで風の神様を鎮めようとする人々の願いが込められているのだといいます。

観光行事にはあまり興味を示さない夫を、何とか引っ張り出せないものかと思案しながら話し合いました。すると数日してから夫が「八尾には、簡単だけど面白そうないい山がある。それにも登って風の盆に行ってみようか」と言いました。これでいよいよ実現するぞ、そう思うと私はうれしくてたまりませんでした。

1泊2日の構えで出発することになりました。9月1日から3日にかけて風の盆は繰り広げられます。

○寄り道登山、まずは女峰（７４０ｍ）

私たちは1日の朝8時ごろ家を出発、途中のドライブを楽しみながら八尾に入り、久婦須川に沿って南下、桐谷の集落から、近くにミズバショウの群生地もある小井波《こいなみ》峠を越えて、登山口のある小井波の集落跡に午後の2時ごろ着きました。小井波峠からは夫婦山の女峰と男峰が二つ並んでよく見え、「ああ、あれだな」とすぐに分かりました。登山口から四、五十分ほど登ると松瀬峠に着きました。昔からの峠越えの道であったようで、ジグザグに登る歩道の途中には、判読しがたいほどに風化してしまった碑もありました。峠からは、白木峰《しらきみね》や唐堀山《からほりやま》などもある南面の眺望が開けており大休止を取りました。

まずは右手の女峰へ登ろうかということになりましたが、それは登るといっても、ものの10分くらいのもので、その山頂は展望のない樹林の峰でした。峠へ戻り、今度は男峰に向かいました。

○楽しめた男峰（７８４ｍ）

こちらは、急登あり巨大な岩壁あり固定ロープありのなかなか手ごわいコースでした。途中に展望岩というのがあって、その上に立つと目がくらむようで、思わずしゃがみ込んで手をついてしまう始末でしたが、先ほど登った女峰が優しくふっくらと眺められました。そしていよいよ男峰の山頂に到着です。こちらは実に展望が良く、東面には剣岳や立山、薬師岳も遠望できます。登山口からおよそ1時間半そこそこでの登頂となりました。低いハイキングの山ではありましたが、夫婦で登った寄り道登山に満足して、心豊かに下山しました。

山麓の離村集落小井波には、小倉百人一首の「奥山に　紅葉ふみわけ鳴く鹿の　声聞くときぞ　秋は悲しき」で有名な猿丸太夫の塚があります。晩年ここに庵《いおり》を結び生涯を終えたという太夫をしのび、雑草に埋もれかけたところを分け入って訪ねました。

○おわら風の盆

八尾の町に近づくと、角ごとに交通整理の人が立ち、山手に作られた大駐車場へと誘導されました。そこから無料のリムジンバスが出ていて、どんどん街なかへ放出されているといった感じです。街は人・人・人であふれていました。道の両側には屋台も出ていて、商店の中も観光客でにぎやかです。ところが踊りはいつどこでやるのかよく分かりません。人の流れは右へ左へ、向こうへこちらへと流れています。地元の人に聞いても、いつとか、どこでとかが一向に要領を得ません。

そのうちにだんだんその訳が分かってきました。風の盆の3日間、1日ごとに踊りの当番町内があり、その町内がそれぞれ自主的に行っているものだということでした。その町内が11あります。踊りには「町流し」「舞台踊り」「輪踊り」という大別して三つの行事があります。

今夜の踊りはどこだろうなどと歩き回らず、一カ所にとどまっていた方が町流しに出会えそうだということになりました。そしてついに出会えました。格子戸と白壁の情緒あふれる街並みに三味線や太鼓、哀愁を帯びた鼓弓の音が響きます。それが哀調のある歌い声と溶け合う中で、編みがさを深くかぶった法被《はっぴ》姿の男衆と浴衣《ゆかた》姿の女衆が坂の街を流し続けます。

私たちは舞台踊りも輪踊りにも出会うことができました。下新町の八幡社では、高さ3㍍ほどの石垣の上が舞台となり、豊年踊り、男踊り、女踊りをゆったりと見ることができました。天満町では男踊りの名手といった方の踊りも見られ、その優雅さには目を見張るものがありました。踊りには、観光客を交えるものも一部にあるようですが、ほとんどは町の踊り手のみで踊られ、観光客はそれを眺めるというものです。郡上踊りなどとはずいぶん異なっています。また男性の法被は羽二重で作られたぜいたくな衣装で、小雨でも降りだしたらすぐに中止されるということでした。

翌日はなんと朝から雨となりました。山へも登れたし、風の盆も堪能できた。こうして、私たちは胸の膨らむ思いで、1日をかけのんびりと帰路につきました。

（みのハイキングクラブ「会報」10号）

▲東北四大祭りと山の旅

2005年8月　浅子

○祭り好きの私

青森ねぶたや仙台の七夕など東北の大きな祭りには、以前から何となく憧れていました。けれど何しろ遠いところなのと、祭りが暑い夏の盛りに行われていることから、実際に行くとなると、なかなか躊躇《ちゅうちょ》するものがありました。

でも、一度は見てみたい、それには元気なうちでないと……、というわけで、夫と相談し思い切って出かけてみることにしたのです。そして、どうせ行くなら四大祭り全部を見てみよう！ 山にも少しは登ってこよう！ と話が膨らんでいったのでした。8月1日の午前中に車で家を出発し、9日の夕方には帰宅しましたので正味9日間、長距離ではありましたが、気分的にはとてもゆったりした、マイペースの旅でした。

○秋田竿燈まつり

家を出てから2日目、8月3日の午前中には秋田市に入りました。たまたま、「今日ごろ、この祭り見物に行くかも知れない」と言っていた横浜の弟とうまく電話連絡が取れ、午後の3時ごろには市役所で落ち合うことができ、祭りの終了時まで行動を共にすることとなりました。

竿燈《かんとう》は、お盆を前に邪気や病魔を払い、身を清める「ねぶり流し」と五穀豊穣《ほうじょう》の願いが込められた伝統行事です。宝暦年間から250年という長い歴史を重ねてきたもので、秋田を代表する夏祭りとなっています。

市の中心部、メインストリートは人・人・人で埋め尽くされます。うっかりしていると人垣の中に埋まってしまって見物できなくなってしまうというので、もう夕方早めから、車に積んであったプラスチックの箱を沿道に並べ、「場所取り」をしておいたほどです。

一つの竿燈の高さは10数メートルで提灯が46個取り付けられ、重さは50キロを超えるものもあります。それを1人の男性が持ち、肩にのせたり腰にのせて手を離したり、ついには片手で差し上げたり、とうとうしまいには額にのせて両手を離すなどの演技をするのです。そこへ風でも吹いてこようものなら、それがたとえ微風であっても大変なこと。その絶妙なバランス取りに見物客からはやんやの喝采が起きます。

そんな竿燈が何十、何百と夜の街にあふれるのです。竿燈と竿燈との間には練り歩きもあり、町内や団体、企業などがそれに工夫を凝らしていて、見物客を楽しませてくれました。

この伝統を受け継いでいくために、小学生のころから男性は竿燈に、女性は太鼓や笛などの楽器を担当することになっています。行進が止まったところをよく見たら、まだおむつも取れてない、やっと歩けるくらいのちびっ子までが、小さな太鼓をたたいていたのには感心してしまいました。小学生を指導していた女性とも話をすることができましたが、もう胎教から始めているとのことでした。伝統行事を守り次世代に引き継いでいってもらうということは、どこでも何事でも、大変なことなのだなあと感じ入った次第でした。

○青森ねぶた祭り

8月4日はねぶたです。ねぶたの起源は、七夕様の灯籠流しの変形だろうといわれていますが、定かではないとか。私たちは「ねぶたラッセランド」という施設でボランティアガイドの方に祭りの由来や制作についての解説をしていただく機会を得ました。

ねぶたは8月1日の前夜祭から7日の花火大会とねぶた海上運行まで、1週間をかけて繰り広げられます。そしてなんといってもまず胸を打つのは、あの巨大で迫力のある、そして色鮮やかな「山車《だし》灯籠」です。夜、その中に灯がともされると、さらに見る者に力強く迫ってきて思わずその熱気の中へ包み込まれてしまうのです。私はそれを見物しながら、思わず津軽人の秘

青森ねぶた祭

められた情熱といったものに心を揺さぶられてしまいました。

　ねぶたは、同じものが翌年にもまた引き出されるのかと思っていたら、毎年新たに作られるのだそうです。制作費は1台当たり約2千万円だとか。ねぶた師によって構想や具体案ができてから、3カ月ほどかけて作業が進められると聞きました。

　その大きさは、おおむね幅9メートル、奥行き7メートル、高さ5メートルで、重さは台車を含めて約4トンです。ねぶたを盛り上げるのは大太鼓や笛、鉦《かね》などでのお囃子《はやし》と、跳人（ハネト）です。1台のねぶたに約2千人の跳人が乱舞します。化人（バケト）というのもいて、ハイカラでひょうきんな扮装《ふんそう》をして舞い踊り、観光客を楽しませます。こんなねぶたが22台も（年や日によって運行台数が多少違う）市中を練り巡るのです。熱気とともに、そのさまはまさに圧巻というにふさわしいものでした。

○仙台七夕まつり

　仙台市は人口１００万人を超える東北地方最大の都市で、政令指定都市にもなっています。

　私たちがこの街、杜《もり》の都へ入ったのは8月6日の土曜日でした。ナビを装着していない車なので、七夕まつりの行われる市の中心部へ入り、しかも県外車用の無料駐車場へたどり着くまでにはずいぶんと時間がかかりました。テレビや写真でよく見るあの大きな七夕飾りは、繁華街にあるのですが、その区域の広いこと長いこと。両側のお店や人混みも眺めながら歩くのですけど、それでも疲れてしまい、時々店へ入っては食べたり飲んだり冷やかしたりして休むのです。

　ところで、この七夕まつりというのは、その七夕飾りを見て歩くだけのものかと思っていたら、どっこいそうではなかったのです。その飾り付けは商店街のいわば協賛で、その出来栄えを見て歩くだけでも結構楽しいには違いないのですが、メインイベントは夜に行われる「星の宵まつり」でした。それは商店街と交わる禅定寺通りで行われます。この通りは札幌でいえば大通公園といったところで、中央に緑地帯もあるような広い広い通りです。

老若男女、さまざまな団体が繰り出して踊りや合奏、舞踏を行いました。消防のはしご乗りもありました。舞踊家による、純白の衣装を付けた織姫と彦星の舞いは、それはそれは幻想的なものでした。最後は出演者も観客も一つになって「ササの葉さーらさら……」というあの七夕様の歌を大合唱して幕を閉じたのでした。なかなか感動的なものでした。

この日のちょうど10日後、宮城県で大きな地震が起き、被害も出たとの報道には、私たちも大変胸を痛めました。

○山形花笠まつり

明くる7日は日曜日で、花笠まつりの最も盛り上がる最終日でした。5、6、7の3日間で100万人。最終日の7日は35万人超という人出でした。

このまつりの歴史は意外と浅く、戦後の1963（昭和38）年に県や市、新聞社、商工会などが中心になって、蔵王の観光開発とPRを目的に「蔵王夏まつり」が開かれました。これをきっかけにして、その中のイベントの一つであった花笠音頭パレードが、その後単独の「山形花笠まつり」として現在の形になったのだそうです。

それが今年は43回目。1、2キロのメインストリートに、幼稚園から○○会社まで、120以上の団体から1万人を超える人たちが繰り出し、躍動感あふれるダイナミックな踊りと、山形の花であるべにばなをあしらった笠を持って、華やかに踊りうねります。踊りを見ていると、いろいろな踊り方が見られましたが、主に正調花笠踊りとしては「薫風最上川《くんぷうもがみがわ》」（女踊り）と「蔵王暁光《ざおうぎょうこう》」（男踊り）があるとのことでした。

東北の夏も結構暑い。夜になっても一向に涼しくなりません。踊っている人たちは汗だくです。四つの祭りを通じて私は、暑さに負けず、それを受け入れ、その暑さをエネルギーに変えていくような東北人の生きざまに、感動すら覚えました。どの祭りにも障害者が参加していました。大太鼓の響きには、魂を揺さぶられる思いがいたしました。私は東北四大祭りの中からあらためて、生きていくエネルギーのエキスをもらったような気持ちになりました。

○日本国（555・4ｍ）

この山の登頂記録を、クラブの会報第10号に山口昇一さんが書いておられ、わりと楽に登れそうな山なのだなあということを知りました。私たちも以前東北を旅したとき、地図を見ていて「ほほーっ」と思って少し気には留めていましたが、その時は時間的余裕もなかったし、どうせ道もないやぶ山だろうと、調べることもいたしませんでした。

秋田の竿燈まつりへ行く道すがら、「ちょっと寄り道して登っていこうか」と夫が言ったので、「じゃあそうしようか」というわけで、日本国《にほんごく》へ登りに行くことになったのでした。この山は、新潟県山北町《さんぽくまち》と山形県温見町《あつみちょう》との境にあり、登頂日は8月2日でした。この山の名前は、地元では石鉢山ともいうようです。登りで1時間半足らずの山でしたが、沖見休憩所から蛇逃峠《じゃのげとうげ》にかけてはなだらかな道の両側にブナ林が続き、とても心が落ち着く楽しいところでした。頂上の展望台からは、少しかすんではいましたが、朝日連峰や鳥海山が望めました。登山口のある麓の、出羽街道小俣宿という所は小さな集落ですけれど、昔の宿場のたたずまいが今に残る所で、郵便局に「日本国麓郵便局」という名前がちゃんと付いていたのが、大変印象的でした。

○七時雨山（1063m）

この山は岩手県内の安代町と西根町との境にあります。風変わりな名前ですが、国土地理院の2・5万分の1地形図でも「七時雨山《ななしぐれやま》」となっていて、私たちはその名前に引かれ、旅に出る前から、この山にだけはどうしても登ろうと思っていました。そしてこの山は、期待通りの、楽しくて心安らぐいい山でした。

山麓には田代平高原が大きく広がっていて、田代牧場には牛がのんびりと草を食《は》んでいました。そして登山口には七時雨山荘が。実は最初あまり期待していなくて、避難小屋か、せいぜい休憩所程度のものだろうぐらいに思っていたのです。ところがとても静かで感じ良いところでした。もちろん宿泊もできるし、常時入浴のできる温泉があり、落ち着いた喫茶室兼食堂もありました。

昨夜は青森ねぶたで、明日は仙台七夕の予定。今日は移動日になっていてのんびりです。私たちは山荘へ着いてか

七時雨山（南峰）頂上にて

ら、ゆっくり朝食を取るという具合になりました。お客さんは他に女性が2人いただけでした。

山荘に車を置いて牧場の中の道を登っていきました。お天気も良く、雑木林の尾根を歩いていると、斜面を登ってくる風が木々やササの間を通り抜け、涼しさを集めて私たちの身体や心の中をも吹き抜けていくのです。汗をかくことはあまりありませんでした。およそ1時間と少々くらいで1等三角点のある北峰に着きました。登山者は他にありませんでした。

この山は双耳峰になっていて、南峰のほうが3メートル高いのだと聞いていましたので、少し休んで写真を撮ったりした後、南峰へも行ってみることにしました。そこには、反対側から登ってきた4人の先客がありました。南西方向には八幡平や岩手山が見えるはずなのですが、夏期なのであまり鮮明ではありませんでした。山頂でご一緒した方々から、この山が新日本100名山（岩崎元郎氏）に入っている山の一つだとお聞きして、「あ、そうなの……」と思った次第でした。

高原を見下ろしながら牧場を下り、山荘で温泉に漬かった後、私たちはさわやかなうれしさを胸に抱きながら、仙台へ向けて車を走らせました。

○蔵王・熊野岳（1840・5m）

山形花笠まつりを見ていて、この祭りが蔵王権現さんをたたえ祭るお祭りでもあることをあらためて知り、ここ東北くんだりまで来て、多少とも山へ登ることを楽しみの一つにしているはずの私たちとして、蔵王へ登らずに帰るという手はあるまいということになりました。今日は8月7日、あと2日かけて家へ帰るだけです。

夜、祭りが終わってからおよそ1時間でもう蔵王温泉に着き、そこで1泊。翌朝はエコーラインをドライブしてお釜の直下まで車で上がりました。刈田岳山頂《かったたけ》にある刈田嶺神社に参拝した後、緩やかな馬の背を登り、熊野岳避難小屋を経ておよそ1時間ほどで蔵王山の最高峰熊野岳山頂に着きました。少しガスっぽくはありましたが、雨の心配はしなくても良い天候でした。

まずまずのお天気で、東北の旅最終日に、名山の蔵王最高点へちょうど15年ぶり、再び登れたことでこれぞパーフェクト、満足、満足と胸を膨らませながら、国道113号を日本海側へ向けて走らせ、新潟を経て能生町で1泊、翌8月9日には無事帰宅いたしました。

（みのハイキングクラブ「会報」11号）

初秋の東北・小旅行
山と祭りと世界遺産と

2012年9月　浅子

○秋田駒ケ岳（1637m）

この山は十和田八幡平国立公園の南端にあって、秋田県内の山では最高峰です。火山と花の山として知られていて、数百種類の高山植物は「秋田駒ケ岳高山植物帯」として国の天然記念物にも指定されています。

私たちが登ったのは9月6日でしたので、コマクサなど夏の花の盛りはもう終わっていましたが、それでもトリカブトやリンドウの鮮やかな紫、エゾウメバチソウの清潔感ある白、アキノキリンソウの黄など、色とりどりの花々がまだまだたくさん見られました。

この山へは、やはり夫と2人でだいぶ以前にも登っていました。「あれはいつごろだったかしら……」、帰ってから記録を見てみましたら、「2001年9月25日・1等三角点」と記してありました。もう11年にもなるのか……。山の様子の詳しいことは、記憶が薄らいでしまっていましたが、わりとやさしく登れて、花にもたくさん出会えたことだけはよく覚えています。

田沢湖のほとりから県道で田沢湖高原に入り、高原から8合目（標高1310メートル）の登山口までは、狭いけれど舗装された9キロの車道が通じています。でも大変なカーブの連続で、その屈曲点にはナンバーが記されていましたが、それは全部で65、日光のイロハ坂の比ではありませんでした。

お天気がいまひとつだったためか、登山者はちらほら程度、私たちもゆったりのんびりと登って行きました。小1時間で阿弥陀池、そこからまた1時間足らずでまずほこらのある男岳《おだけ》へ登りましたが、その途中からは濃霧となり、手探り状態での登頂となりました。そこを下って次は最高点の男女岳《おなめだけ》へ。こちらの方は男岳より少し高いのに道が良く、池畔から40分ほどで到着できました。風も少しあり、霧雨でぬれるので雨具を付けました。でも、以降それ以上の悪天とはならず、下り始めると明るくなり、青空も少しずつ見えだし、また花と遠望をも楽しみながら登山口へ帰着しました。

○角館の祭り

みちのくの小京都・角館《かくのだて》へは、これも何度目でしたか、東北北部への山旅の帰途に立ち寄ったことがありました。昼なお暗いほどの深い木立に覆われた、重厚な武家屋敷の通りを散策し、心豊かに休まる思いをしたことが、深く印象に残っていました。

まだ春浅いころのある日、家でテレビだったか新聞だったかを見ているとき、ふと角館にお祭りがあるという情報を、ちらっと目にしました。「ほう、あの角館に祭りがあるの、見てみたいね！」と、祭り好きの私は、その場で夫にも同意を促し、即決のような形で行くことに決めてしまったのでした。

３５０年の伝統を誇るみちのくのこのお祭りは、9月7、8、9日の3日間となっていました。前日の６日に秋田駒の登山を終え、街なかの観光案内所へ寄ったり、夕食に居酒屋へ入ったりして祭りの見どころや山場を教えてもらいました。

角館は人口1万4千人ほどのこぢんまりとした街です。各町内から繰り出される曳山《ひきやま》が18台あり、3日3晩、いや明け方までも若者らによって曳き回されます。祭りは町の氏神様である神明社と薬師堂の例大祭であり、7日の宵宮には神明社の前に18台が勢ぞろいしました。そのにぎやかなこと、街中が湧きかえるような雰囲気です。

頑丈な台車の上に構築された、源平合戦など歴史上の物語を表した造りと、曳山内部でのお囃子、上段前面に張り出した舞台の上では、色白美人の秋田おばこによる舞も披露されるといったヤマを、各町内挙げて曳き回します。通りのお店などからご祝儀が出ると、そこで止まって舞い踊るため、曳山の列は遅々とした道行きとなります。私たちがひと眠りして気がつくと、午前3時ごろだというのに、まだお囃子が聞こえていました。

8日は武家屋敷の通りでまた勢ぞろいです。当時の殿様、現在は直系の佐竹北家の当主（現在秋田県知事でもある）に見せに行く「上覧」という行事で、そこで1台1台が舞も披露します。これもまた日がな一日、遅々とした歩みとなります。私たちはその合間を縫って、青柳家などいくつかの武家屋敷内部をじっくりと観て回りました。

この祭りには「やまぶっつけ」という見せ場があります。氏神参拝や上覧を終えて進行の目的がなくなると、通行の優先権、序列もなくなり帰路の方角も異なります。狭い道を大きなヤマがすれ違うのは難しい。2台が正面に向き合うと、どっちが譲るかで交渉になります。なかなか話がまとまりません。どちらも祭りで気分が高揚しています。交渉が決裂すると曳山同士が正面衝突でぶっつかり合います。これがやまぶっつけで、祭りは最高潮に達します。

ヤマはとても頑丈にできているので、簡単には壊れたりしないようですが、互いに少し下がってから勢いをつけて突進し「ガッツーン、ドドーン」と激しくぶっつかり合います。「上に乗っている人たちがむち打ちにならぬか?」と思ったほどでした。

6日の午後からまるまる2日半、そんなに広くはない街なかの、施設や名所、お屋敷の中のレストラン、温泉にも入ったりして十分楽しめたし、ここまで来たのだから平泉へもゆっくり回りたいなと思い、9日の朝は中尊寺へ向けて車を走らせました。

平泉の世界遺産中尊寺へは、もう20年以上も前にも私は来たことがあるのですが、その時は慌ただしい日程の中でしたので、今回はじっくり拝観してみようと思いました。それに夫の方は初めてです。昨年度、世界遺産に登録された「平泉の世界遺産」の中では中尊寺と毛越寺《もうつうじ》をゆっくり歩いて拝観しました。日曜日でお天気も良かったためか、多くの拝観者でにぎわっていました。バスなどで来た団体さん引率のガイドさんが、施設の前で説明をされるので、傍らへ寄っておこぼれを拝聴したりもしました。目玉？の一つともいえそうな国宝の金色堂では、個々のガイドさんが説明するのではなく、光り輝くお堂を前にして、解説の音声が流れるようになっていました。

世界遺産に登録された平泉の遺跡群は、12世紀に東北地方を支配した奥州藤原氏が、4代にわたって築き上げた寺院や庭園だとのこと、歴史には疎い私ですが、何となく当時の権力者の力の壮大さや、仏教・浄土思想の深さに少し触れ、感じられた思いがしました。

歳を重ねるたびに、山歩きの方は少しずつ控えめとなり、こうした旅と見聞が多くなってくる傾向ですが、それでよし！と納得し楽しんでいる近ごろの私です。

（みのハイキングクラブ「会報」18号）

2011年「3・11」から2020年の夏へ
山と祭りと、そして東北魂

２０１３年6月　浅子

「東北六魂祭《ろっこんさい》」の話を最初に聞いたのは、福島県二本松市にセカンドハウスを持っている弟からでした。「今年は福島でやるから遊びに来たら……」というものでした。聞いてみると、東日本大震災の鎮魂と復興を願い、東北6県の代表的な祭りが一堂に会し、各県持ち回りで開催しているといいます。祭り！と聞いただけで、そのときもう私の心はかなり動いていたのでした。

２００５年の夏に、私たちは夫婦だけで車に乗り込み、東北四大祭りのはしごをやったことがありました。もちろん山にも少しは登ったのですが、それは秋田の竿燈、青森のねぶた、仙台の七夕、山形の花笠で、東北中を車で駆け巡りました。そしてそれは、どの祭りにも大満足の楽しい、楽しい旅になったのでした。その思い出がありましたので、「よし！詳しいことが分かったら、計画を立てようよ」と、当然そういうことになっていったのでした。

夫の方はというと、旅に出るといえば、たとえどんなに簡単なハイキングになろうとも、山の〝気〟が伴わないことには満足できない人です。向こうに着いてからだと弟も一緒になるので、どんなスケジュールになるか分かりません。行きがけに山を一つ二つ登ってから二本松へ入ろうか、ということになり、額取山《ひたいとりやま》と小野岳を挙げておきました。

そしてまず先に額取山へ登ろうとして登山口の夏出という集落に着き、登り口を探し始めましたら、林道は一般車通行禁止だとか、コースの途中に崖崩れがあって迂回《うかい》が必要だとかいう地元の方の説明でしたので、頑張ったり苦労したりしてまで登ることもないからとあっさり諦め、もう一つの山、会津の小野岳へ向かいました。

◯小野岳《おのだけ》（1383m）

小野岳は山麓に湯野上温泉郷があり、300年以上も昔の、江戸時代の街並みが保存されている大内宿の近くにあって、登りがいもありそうな山です。行ってみましたら、ブナの原生林が長々と続くとても気持ちの良い山でした。下りてきてからは、のんびりと大内宿の観光もしました。

六魂祭は6月1日、2日の2日間にわたり、福島市の中心街で盛大に繰り広げられました。その規模が大きく、参加者も多く、大変な人波で沸き返っています。2011年の仙台は37万人、翌年の盛岡では25万人の人出だったといいます。そして今年の福島は3回目です。かなり離れたところの駐車場へまず入るのも一苦労なら、そこから中心部の市役所周辺へ歩いて行くのもずいぶんと骨が折れました。街なかではさまざまな催しが各所で行われていました。

メインの一つ、六大祭りパレードは、市役所の横を通る国道4号線を約1キロにわたって開放。宮城・松島基地所属の第11飛行隊によるブルーインパルスから幕開けしました。アクロバット飛行を披露する専門のチームだとのことでした。国道の両側はごった返す人、人、人で文字通りお祭り騒ぎです。パレードは、私たちが以前に見た四大祭りに加えて、盛岡のさんさ踊り、福島のわらじ祭りが加わっていました。

祭りのスローガンは「今こそ、魂のチカラを！」とあります。そして今年のテーマは「災い転じて福となす」、大震災を乗り越え復興を成し遂げよう！というわけです。晴れ渡った青空の下、強い日差しも加わって、祭り全体から湧き上がるその熱気たるや誠にすさまじいほどのものでした。パレードが終わったあと私たちは、街中を歩き回って大道芸に足を止めたり、グルメ街でおなかを満たしたりしたあと、いったん二本松へ戻りました。

2日目も祭りは大体スケジュールが同じなので、私たちは地理に詳しい弟の案内で、被災地を見て回ろうということになりました。福島県は大分けすると、会津と中通り、浜通で、福島市や二本松市は中通りになります。そこから東の方へ広大な丘陵地帯を越えていくと浜通りに出ます。

道路は各地で放射線の濃度によりゲートで遮断されていて、証明を持っている関係者以外は立ち入ることができません。私たちは右に左に何度も迂回を重ねながら、ニュースによく出てくる飯舘村に入ることができ、そこから南相馬市を経て浪江町までは入れました。放射能の高濃度で人の住めなくなった地域では、人家の庭にも耕地にも雑草が生い茂り、がらんとしていて実にわびしく、また基礎だけが残っていて、そこに家があった、庭があったと思われるところには花だけがかれんに咲いていたのが強く印象に残りました。
津波が襲った浜辺の方にも行ってみました。日本一の漁場といわれた地域でも、今は建物も人影もなく、荒れ果てたままで、とても言葉を発することができませんでした。

この年９月に開かれたＩＯＣ総会で当時の安倍首相は、福島原発の汚染水問題について、「状況はコントロールされている」、「汚染水による影響は福島第１原発の港湾内０・３平方キロの範囲内で完全にブロックされている」と表明しました。この発言には多くの識者、関係者からも現実とは違うとの批判が相次ぎました。東京五輪決定のニュースが伝えられた同じ日のテレビニュースの中で、仮設住宅に住む主婦の１人がこんな発言をしていました。「オリンピック開催のニュースは明るい話題なのでしょうが、私たちのことも忘れないでほしい……」と。
２０２０年夏の東京オリンピックが、文字通り「スポーツを通じて国際平和と友好を促進する」というオリンピック精神が花開き、私たち日本人みんなが心から喜べ、楽しめ、祝えるようなものにならなければなりません。そのためには、私はどうしても国の責任で被災者の方々が１日も早くふるさとへ戻ることができ、暮らしも成り立つようにし、そしてそのための十分な国の保証が受けられるようにする必要があると思いました。そして脱原発を実現し、被災者の方々をもちろん含めて、国中でオリンピック開催を祝い、楽しめるように、東電任せでなく、国が全責任を持ってもらいたいと願わずにはいられません。

（みのハイキングクラブ「会報」19号）

第3章　海外登山

▲ペトロフスキー峰（4803m）
中央アジアの山と旅

2003年6、7月　浅子

○シルクロードの真ん中

私は2003年の夏、6月下旬から7月上旬にかけて、パミール高原での登山という機会を得ました。中央アジアは、中国とローマを結ぶ東西の交易路であった「シルクロード」の中枢に位置するところです。

カザフスタン・ウズベキスタン・トゥルクメニスタン・タジキスタン・キルギスの5カ国からなり、中国・ロシア・イラン・アフガニスタンとカスピ海に囲まれた形になっています。

東部には天山山脈、南部にはカラコルム山脈、ヒンドゥークシュ山脈、コペット・ダグ山脈などがあります。私たちの登ったペトロフスキー峰のあるパミール高原は中央アジアの南東部にあり、そこにはレーニン峰やコミュニズム峰といった7千メートル級の山々もあります。

全日程10日間という短期のものでしたが、そのうちのほぼ4日間ずつをウズベキスタンとキルギスの2カ国で過ごしました。ペトロフスキー峰のあるキルギス共和国は、国土の94%が海抜千メートル以上の山地で、そのうちの40%は3千メートル以上の高山、その75%は万年雪と氷河に覆われている所だということです。国のほぼ中央には天山山脈が入っています。面積は日本の約半分です。

○イスラム世界の宝石

見知らぬ地への旅立ちは、いつもながら心がわくわくします。6月27日の昼ごろ名古屋をたち、ソウルを経てもうその日のうち、午後9時過ぎにはウズベキスタンの首都タシケントに着きました。総勢は添乗員の方2人を入れて33人という大所帯のツアーです。でも参加者全員が登山をしたわけではありません。現地では、到着後から最終の帰国日まで、日本語が少し話せるガイドとしてムーさんという青年が付き添ってくれました。

翌日からのほぼ2日間は、タシケントに次ぐ第2の都市サマルカンドでの観光でした。この街はシルクロードの中心都市ともいわれ、イスラム世界の宝石と称せられるほど美しいところです。すでに紀元前4世紀、アレクサンドロス大王の遠征軍がこの街へ到達したとき、大王が「話に聞いていた通りに美しい、いやそれ以上に美しい」と言った、といわれているほどです。壮大な青の建築群には思わずうなってしまいました。

主なところではシャーヒズインダ廟《びょう》群、ウルグベク・メドレセ、ティラカリ・メドレセ、シェルドル・メドレセ。メドレセは神学校という意味、青はトルコ石でありタイルです。ティラカリ・メドレセには青のドームの下に金箔《きんぱく》の礼拝所があり、その荘厳さには目を見張らせるものがありました。サマルカンドで1泊し翌日の午後、往路は国内便でしたが復路はバスで、観光しながらタシケントのホテルへ戻り、翌日からのキルギス行きに備えました。

6月30日。タシケントから東部のアンディジャンまでは空路、そこからバスで国境を越え、キルギス第2の都市オシュに向かいました。国境通過には意外と時間がかかり約1時間半、ホテル・オシュへ着いたのは午後６時半でした。

７月１日。ロシア製６輪駆動車「カマズ」３台に分乗してオシュを出発、山岳地帯を10時間程かけて走り通し、ベースキャンプ地のあるアチク・タシに着きました。一帯は草地が広がり花も多いところです。パミール高原の中のこの地域には、アライ峡谷を挟んでアライ山脈とザアライ山脈があります。日本でいえば立山と後立山といったところです。ペトロフスキー峰もレーニン峰も後者になります。キャンプ地には現地トレッキング会社によってブルーの２人用テントがすでにたくさん設営されていました。他国のパーティーも来ていました。ここＢＣの標高は３８２７㍍、食事は別棟のユルタ（ゲル）で、トイレはキャンプ地の端にあり水洗になっていました。

○登山日の朝

７月２日。いよいよ登山日になりました。午前５時起床、６時朝食、７時出発です。朝食には揚げパンやチーズ、サラミ、ロシア式おかゆが出ました。ランチパックにはサンドイッチ、ナッツ類、キュウリ、果物などが入っていました。この日の行動は四つに分かれました。第１班はペトロフスキー峰登頂を目指す組で、唯一女性の私を含めて４人にツアーガイドと現地山岳ガイド３人の計８人。第２班はそのコース上にある４２００㍍のジャンクションピークまでで、６人とツアーガイドの計７人。第３班は別コースで「探検家の峠」４１５０㍍まで、ここは17人に現地ツアーガイドと山岳ガイドとで総勢19人。第４班は体調などもあってＢＣ周辺の散策をするという人たちで４人。

このうち第３班のコースはラジェルナヤ山ルートで、レーニン峰登山のＢＣへ荷揚げをする道だとのこと。ここを荷物を積んだ馬が通ります。探検家の峠まで３時間のコースで「青空のもとペトロフスキー峰が間近に見え、レーニン峰もくっきりと眺められた」と、後でお聞きしました。ＢＣからはその両方とも見えないのです。

私たち登頂を目指す班８人は、ＢＣで「カマズ」1台に乗り込み午前7時に出発、昨日来た道をアチク・タシの小さな集落まで下って登山口の車止めに着く。標高３５００メートル、山頂との標高差は１３００メートルです。ここからペトロフスキー峰へは右手へ登って行くし、今下ってきた左手はＢＣを経て探検家の峠、ラジェルナヤ山、レーニン峰７１３４メートルに至るコースとなります。

○雪壁を克服

登山開始は7時半ごろでした。初めからなかなかの急登です。やがて尾根に出ておよそ2時間で４２００メートルのジャンクションピークに着きました。そこまではまだ雪がありません。第2班の7人はここが最終目的地のトレッキングです。私たちはほんの一息入れただけで、2班の人たちにお別れを言い、さらにその先へ登っていきました。そこから約1時間の登高で雪上となりアイゼン装着、もう一部凍っているところもあるのでアンザイレンを取りました。登り始めて約4時間、コル状のところで初めて昼食の休憩を取りました。

ここからは45度の雪壁になります。45度というと実際の現場では見上げるほどの急斜面です。雪のすぐ下は氷になっています。ガイドは3本のアイススクリューを打って私たちを確保しながら登りました。アイゼンの前爪を蹴り込み、爪先立って登るのです。私はこういう氷登りはやっていなかったため、ずいぶん苦しみもし、ガイドにお世話をかけてしまいました。そういうところが断続的に数百メートルというスケールで続くのです。

ここをようやく登りきると岩稜に出ました。高度の影響と緊張とでもうヘトヘト、フラフラ状態でした。現地での高度順応行動は全くなく、ＢＣ到着の翌日からもう登り始めたわけですから。岩稜に出てからもさらに登高は続きます。コル状から雪壁を登り始めてちょうど1時間、午後3時ちょうどにやっと念願の山頂へ８人全員が到達しました。7時間かかりました。

頂上は雪の上に岩があちこち出ていて、あまり広くないところでした。「ヤッター、バンザーイ、ハアハア……」。雪がちらちらする状況で、残念ながら展望は得られませんでした。記念撮影をしたりして約20分休み、早々に下山を開始しました。

雪壁の下りは足が震えましたが、慎重を期して一歩一歩下りていきました。登山口へは午後6時45分、ＢＣ帰着は午後7時10分。全行程12時間という行動になりました。ＢＣでは午後に雲が出てきて雷鳴が聞こえ、一時雨がぱらついたとのことでした。

その夜はもちろん楽しい楽しい夕食会となりました。各班の行動が無事終了したこと、1班も登頂を見事果たしたということで、ユルタの中にある売店のおじさんも楽器を持って加わり、メンバーの中のNさんも持参のフルートを演奏するなど大いに盛り上がり、歓談は夜遅くまで続きました。

ペトロフスキー峰頂上にて（中央が浅子）

○東西の十字路 タシケントにて

7月3日、BC撤収の朝。今朝は晴れています。コックさんからケーキのプレゼントがありました。現地スタッフの方々との記念撮影の後、往路と同じ道をオシュへ向かって出発しました。この日はオシュからすぐの国境を通過して、ウズベキスタン側の緑の街フェルガナまで行って泊まりました。

翌朝は空路でタシケントへ飛び、最終日となるこの日を市内観光に充てることになりました。タシケントはウズベキスタンの首都であるだけでなく〝中央アジアの首都〟でもあるといわれ、200万人以上の人口を持つ大都会です。中央アジアで唯一の地下鉄も走っています。オアシス都市としては2千年以上もの歴史があるといいます。

私たちはここの日本人墓地を訪れました。1945~47年にソ連の捕虜となった79人の方々が埋葬されていました。墓石には埋葬者全員の氏名が刻まれていました。墓参し、Nさんのフルートによりみんなで「ふるさと」を合唱したときは、みんなが涙を流しました。私たちは少しずつ出し合いこれをまとめて隊長が墓守に献金し謝意を表しました。

韓国料理のレストランで昼食を取り、デパートでは買い物もしました。タシケントには迷路のような旧市街と広大な新市街があります。私たちは新市街のはずれにあるアブドゥールハシム・メドレセを見学しました。16世紀に建てられた神学校で、当時のイスラムのメッカだったというところです。タシケントには、ソ連時代から中央アジアのイスラムの本庁が置かれているバラク・ハーン・メドレセもあります。

シルクロード定着民のオアシス都市は、遊牧騎馬民族にとって物資供給の面からもなくてはならない存在で、そのオアシスを支配することが彼らにとって重要な課題だったといいます。そしてまた他民族からの侵入と破壊も幾度となく繰り返され、やがてまた新たな復興でよみがえるということであったようです。私も、世界の文明の十字路にちょっとだけ触れてみたような気分になりました。

この日の夜遅く、タシケントから離陸し、翌7月5日にやはりソウルを経由して名古屋着、ようやく無事帰宅できました。

（みのハイキングクラブ「会報」9号）

▲ エルブルース（5642・7m）
ヨーロッパ大陸最高峰に登る

2003年7月　善太郎

○「女性の乳房」エルブルース

ヨーロッパの最高峰は以前、モンブランとされていましたが、ソ連が崩壊して、外国人の立ち入りが可能になったことにより、このエルブルースが、名実ともに最高峰となりました。モンブランよりさらに８００メートル以上高い山になります。

私たち夫婦にとって、ロシア入国はもちろん初めてのことでした。ロシアの南端にあたり、黒海とカスピ海との間に東西に延びる全長１５００キロのカフカス（英語名でコーカサス）山脈。この山脈がヨーロッパではアジアとの境をなす大山脈と考えられています。そしてこの山脈はロシアとグルジア、アゼルバイジャンとの国境にもなっています。エルブルースは、この山脈からはバクサン谷を隔てて、わずかにロシア（ヨーロッパ）側に入り込んだ位置にあって、独立峰となっています。またこの山脈は、ロシア・アルピニズム発祥の地でもあるとのことです。

エルブルースという山名の意味は、地元のガバルニア語で「幸せの山」、トルコ系の言葉では山名をエルボロスといい「女性の乳房」という意味になると聞きました。そのまろやかでふっくらした双耳峰を姉妹峰という人もあり、なるほどぴったりの山容だなぁという感じがしました。なお、標高表示にコンマ以下7メートルまで書き入れたのは、現地で購入した5万分の1地形図に、そのように記入されていたからです。

○アプローチ

初日は、成田をお昼ごろにたって、マイナスの時差があるために、もうその同じ日付の夕方、明るいうちにモスクワに着いて1泊。翌日国内線でロシア南部のミン・ボディまで飛び、そこからはツアーリーダー1人と私たち夫婦を含めた一行8人、それに現地ガイド1人を加えた総勢10人と大荷物も載せたぎゅう詰めのマイクロバスで、登山基地となるアザウ村のテレスコルへ向かう。4時間ほどかかりました。空港への出入り口と、途中もう1カ所には検問所があって、パスポートのチェックが行われましたが、「OK　GO!」をもらうのに2、30分はかかるという具合でした。

テレスコルは、日本でいえば上高地といったところです。エルブルース登山の基点であるだけでなく、トレッキングやハイキングの拠点でありリゾート地で、山荘やホテルもいっぱいあります。私たちはエルブルース登頂後、1日余った予備日を使って、エルブルースの展望台といわれる約３５００メートルのチェゲット山へハイキングに行きましたが、スキーリフト2本でもう２９００メートルまで上がってしまい、後は高山植物の花々を楽しみながらの散策をするだけでした。

私たちの今回の日程は、7月の下旬から8月上旬にかけての全11日間でしたから、一番暑い盛りでした。モスクワやミン・ボディで昼間だいたい30度くらい、テレスコルでは25度くらい、夕方や朝は少し肌寒いほどの陽気でした。到着した日の夕方は小雨で、夜はすさまじい雷鳴が長時間とどろき渡り、あまり熟睡できませんでした。

○高度順応と体力トレーニング

日本をたってからまだ3日目の7月28日。今日からもう登山行動開始となります。山中6日間の予定のうち、前半3日間は、高度に身体を順応させるために充てられています。初日の今日は、アタックベースとなる標高3800メートルのガラバシ小屋まで行き、いったんテレスコルまで下ってしまうというものです。ところが、この富士山頂を越えるような高さにある小屋まで、ロープウエーとリフト2本で9分9厘上がってしまうのです。楽といえば楽なのですが、高度に身体をなじませる、あわせて体力トレーニングもする……という点からいえば、あまり感心しないことでもあるのです。

　このガラバシ小屋は、でっかいドラム缶を横に倒したような形のもので、外側はもちろん鉄製です。過酷な風雪と雪の重荷に耐えられるように考えられたものなのでしょう。中は三つに仕切られていて、最初の部屋はぬれたまま入って脱ぐところ、次の小部屋は物置台にベッドが一つ、奥の大部屋にはベッドが四つあり、居住性はなかなか快適なものでした。ヒーターも備えてありました。

　この小屋の周りからは氷河が上部に向かって形成されており、純白の世界が広がっています。この日は濃霧に覆われていて、あまり見通しが利きませんでした。私たちはもう冬山装備でそこまで来ていました。前日、下で降っていた雨が、ここでは雪となって積もっていました。

　高度順応と体力トレーニングのために、もう少し上まで行っておこうということになって、現地山岳ガイドとともに、さらにもう一つ上にある11番小屋まで、2時間ほどかかって登りました。その小屋は正確に言えば〝元〟11番小屋です。なぜかというと、そこにあった立派なドーム型の小屋は、5年前に焼失してしまったからです。今は焼け残った部分を仮小屋として使っているのですが、設備も悪く狭くて汚いため、宿泊はあまり勧められないということでした。私たちは、その仮小屋の前でしばらく休んだ後、その日はまたリフトやロープウエーで下のホテルまで戻りました。

　7月29日、今日からいよいよ本番です。現地ガイドは20歳の大学生セルゲイさん。彼はヒマラヤ登山もしているということでした。ぼくら一人一人にも細やかな気遣いのできる好青年です。それにコックの女性マリーナさん。美しくて親切、しかも明るい中年女性です。鍋釜から食材まで、5日間11人分の荷物を小分けにして、1人1、2個ずつ抱えリフトに乗りました。

　この日も11番小屋までの行動でしたが、濃霧と降雪の中の上り下りは、そんなに楽なものではありませんでした。氷の上に新雪が3～40センチくらいは積もっていて、結

エルブルースとドラム缶のような山小屋をバックに
(右から3人目が善太郎、左から3人目が浅子)

構足を取られるのです。ドラム缶ハウスを私たちは2棟使い、1棟は男性５人、もう1棟は女性４人。セルゲイさんやマリーナさんは現地の人ばかりの別棟です。身体もだいぶ富士山の高さくらいには慣れてきた感じがしてきました。

７月30日、高度順応と体力トレーニングの仕上げの日で、この日は11番小屋からさらに上部のパスツーコフ岩までピストンしました。ここからは急斜面になるというところで、ガラバシ小屋からそこまではわりと緩やかなのです。明日の朝は、雪上車に乗ってここまで来ることになっています。「なに、乗ってくるだと?」と言われるかもしれません。でもそこからピークまでが大変なんです。

パスツーコフ岩の標高は４７００メートルあります。その高度までしっかり順応しておかなければなりません。パスツーコフ岩から山頂までの標高差は千メートル近くあります。キリマンジャロのアタックベースとなる山小屋キボハットから山頂までの登りと同じです。この山では、高度順応こそが鍵といわれています。あの野口健さんでさえ、最初、高山病で倒れて意識を失い、ガイドに担ぎ降ろされ登れなかったというのですから。

○いざアタック

７月31日、ついにアタックの日となりました。朝というより夜中の1時に起床、朝食を取ってから2時には大きな雪上車1台に、サブガイド２人を加えた12人が乗り込んで出発しました。屋根のないトラックの荷台のようなところです。雪は降っていませんが、ガスにすっぽり包まれています。広くてしっかりしたキャタピラーを装備している雪上車は、前面をライトで照らしながら、ゆっくりと頼もしく私たちを運んでくれます。およそ1時間で、昨日のパスツーコフ岩までくると、私たちを降ろして戻っていきました。
　初めは、双耳峰のうちの右側、東峰の下部急斜面を登りますが、やがて主峰である西峰との間のコルへ向かってトラバースに移ります。高度が5千メートルを超えるようになると、さすがに息が苦しくなってきます。空が明るくなり、ガスも薄れてきて、後方のカフカス山脈が眺望できるようになってきました。まだ少し雲がかかっているところもありますが、天候はどうやら上向きになってきたようです。ありがたい、うれしい。昨日まではほとんど見えなかった形のいいチェゲットカラバシ、ダングザアルームといった山も見えるようになりました。世界で最も美しい双耳峰のうちの一つといわれるウシバにかかっていた雲も、だいぶ取れてきました。

　氷が出ていればアンザイレンしなければならないので、私たちはハーネスを装着していましたが、新雪が深く滑落の危険は少ないため、そのまま各自が自分のペースを保ちつつ登高していきました。東峰西峰間のコル（サドル）は、下から見て想像していたより広大な所でした。パスツーコフ岩からの登りでも、コルから西峰への登りでも、40度くらいの雪壁が長く続く所があり、ただただ懸命に前の人の踏み跡を崩さぬように忠実にとらえるのが精一杯でした。浅子も、ガイドのすぐ後ろにぴったりと付いて、コンスタントに登ってきている。今朝出発した小屋から山頂までの標高差は１８００メートルもあるのです。きついはずです。

　サドルからの長い急登の後、やがて斜面がだいぶ緩やかになってきました。頂上はこんなに広々としたところなのだろうか、と思いながらセルゲイさんを先頭にハアハア、フウフウいいながら進んでいくと、向こうの方に何かちょんととがった所が見えるようになってきました。「ははあ、あれが頂上か」と思いながら最後の踏ん張りだと思って歩を進め、10時20分、ついに登頂しました。頂上は、その上に立つというより、それに寄りかかるという感じのトンガリでした。

○ウオッカで登頂祝う

登り始めてからおよそ7時間半、その間には立ち休み数回程度、休憩らしいものはありませんでした。天気は良くなってきたし、日差しがあって風はないので、そんなに寒くはありません。のんびりしたかったけれど、山頂は狭いし、他の登山者も少しは登ってくるので、およそ15分とどまっただけで、みんなと下山することにしました。

モンブランに続いてこのエルブルースにも登れたことで、私たちは大いに満ち足りた達成感に浸りながら往路を下っていきました。しかし下山途中、東峰の下部で、一時ホワイトアウトとなり、行動不能に陥ったためしばらく待機したりしたこともありました。ルートを違えてクレバス帯にでも踏み込んだら大変だからです。

ガラバシ小屋へ帰着したのはちょうど15時でした。小屋からの往復13時間。実はぼくの場合、この山を少しなめていたところがあったのですが、体力的にもモンブランより1枚上というのが実感で、大いに反省しました。小屋での夕食時にセルゲイさんが登頂祝いだといってウオッカをみんなのグラスについでくれました。

○ロシアそしてモスクワ

ここは天気変化が激しい所だと聞いていたし、テレスコル到着早々、雷の歓迎を受け、高度順応行動では降雪や濃霧に見舞われたため、はたして登頂できるだろうかと気をもんでいたのです。ところがアタック日になって天候が上向き、青空での登頂となったことは本当にラッキーでした。日程が順調にいって予備日が1日余ったので、チェゲット山のハイキングをし、下りてきてからは、大いに飲みかつ食らって気勢を上げました。

ここは国境に接し、陸続きでイラン、イラクにも近いからでしょうか、村のあちこちで軍人さんをよく見かけましたが、緊張を感ずるほどのものではありませんでした。

アルプスやヒマラヤに比べると、まだまだこのカフカスへ登山に来る日本人は極端に少なく、詳しいガイドブックもない状況です。ロシア南部のほんの一部を機窓から見下ろしたり、車で通ったりしたに過ぎませんが、広大な地域にアスファルト道路が縦横に通じていました。

モスクワでの私たちの宿は2夜ともに市の中心部、クレムリン宮殿のすぐ前にある巨大なビルの「ロシアホテル」で、収容人数6千人、中に映画館やコンサートホールもあるというところでした。モスクワには到着日の夕方と山から帰った日の夕方とその翌日の日中いっぱいいました。その間は専用バスに女性の観光ガイドさんが付いて、日本語はもちろんペラペラ。モスクワ中心部の主だったところを案内してもらいました。

クレムリン宮殿と赤の広場・レーニン廟などをはじめ、ボリショイ劇場、モスクワ大学、元KGB、などなど。全体としてはぎりぎりの日程なりに、かつてソ連邦の中枢が存在した所の雰囲気にも少し触れたりしながら、珍しい見聞もできた、思い出に残る山旅となりました。

（みのハイキングクラブ「会報」9号）

アコンカグア（6961m）
アンデスの風に吹かれて

2005年1月

善太郎

○南米最高峰に再びアタック

２００５年１月３日、この日は朝から快晴。昨日の朝の第1キャンプ（Ｃ１、５４００メートル）は、晴れながら風が強く、アコンカグア山頂付近には雪煙が舞っていたのに今朝はそれもなく、まだ多少風が残ってはいるものの、まさに絶好のアタック日和となっていた。

朝7時少し前に最終のベルリンキャンプ（Ｃ２、５８００メートル）を出発した本隊、ツアーガイド1人、現地ガイド2人の計一行8人は、ガイド頭のモリシオを先頭に、Ｋ隊長は後尾に付いて、ゆっくりした足取りで、間隔はかなり開いたものの、しかし「立ち止まったら登れない」を合言葉にして登っていった。が、登り始めてすぐに、女性が1人体調不良で自ら登高を断念しＣ２に戻った。残る7人、うち隊員4人は正午ごろようやく最後の難関グランカナレータにさしかかるところだった。

アコンカグアをバックに第１キャンプ（C1）にて

ちょうどそのころ、ベースキャンプ（BC、４２５０メートル）に黄色のヘリコプターが飛来してきた。それに乗り込まざるを得なかったのが自分である。山頂方向をまぶしく見上げながら、意外とさわやか、さっぱりとした顔を繕おうとしたつもりだが、やはりその奥にある「残念」の2文字を覆い隠すことはできなかった。４年ぶり2度目のアコンカグア挑戦もかなわずに無念の下山となった。

ヘリは登山口のオルコネス・レンジャーステーションへ向けてすぐに飛び立っていった。他にもBCに停滞を余儀なくさせられることになったI氏、最初のBC入りから3日目の12月30日に、もう一足早く体調不良でヘリ下山をされたC子さんらがいた。A隊員は、ドクターのメディカルチェックで1月2日、1日遅れでBCを出発し登高されたが、結局C2止まりで下山されるという結果になった。

○今回は公募登山隊で

今回のアコンカグア登頂を目指す登山パーティーは、日本国内のトレッキング会社、アドベンチャーガイズ（AG）による公募登山隊という形式のものだった。そして現地では、チリのガイド会社アジムット３６０との契約によって成り立っていた。

日本からのメンバーは、AGから全体を通してのツアーリーダーK氏と、アシスタントガイドの永井氏。応募隊員の9人は、出発日の12月18日に、成田国際空港で初顔合わせした。女性5人男性４人で一行11人。その中に「みのハイク」の在間さんとぼくが入っている。在間さんとぼくは、少し前にアコンカグアに関する情報をやりとりしてはいたが、この隊に加わって一緒に行こうかと相談したというより、それぞれが自分で考え行動した結果、こういう事になったというわけだった。

そして、隊全体として、事前の顔合わせや打ち合わせ会、合宿トレーニングといったものもなく、まさに自己責任で集まってきたパーティーだった。当日、参加者の氏名だけを連記したメンバーリストが空港で配布されたが、それには住所や年齢、経歴、山歴、電話番号などはあえて付してない「配慮」がされているというものだった。しかし一カ月近くも同じ釜の飯を食い、苦楽をともにするわけなので、なんというか細かい点まで正確には分からないにせよ、その人の成り立ちや人格像は、おおよそ理解できてくるというものだ。エレベストへ登った人もいれば、富士山より高いところへ登ったことがない人。35歳もいれば70歳もいる……、といった具合だ。

いきなりパッとできたパーティーというのは、親しみやなじみ、ツーカーといったものがない寄り合い所帯といえばそうなのだけれど、一面、よく分からない。知られていないだけに対等で割り切りやすく、余計な気疲れもしないで済むといった利点があるといえるかもしれない。そうしたうえで、いざというときには互いに協力し合い、助け合うこともできるのは、やはり山の世界のいいところだろう。

○地球の裏側チリ・サンティアゴ

日本からチリやアルゼンチンへの直行便はないので、アメリカ経由になる。今回の経由地はアトランタだった。乗り継ぎの待ち時間が7時間もあったので、いったん入国し街へ出て、かつてのオリンピックスタジアムを見学したり、繁華街のシーフードマーケットで豪華な昼食を取ったりしてから、夜遅くサンティアゴへ向け飛び立った。これも10時間を超えるロングフライトだ。

サンティアゴ着は現地時間の12月19日朝。それ以来、丸6日間、ここに滞在し、チリのモンブランともいわれているエル・プロモ（５４３０メートル《メートル》）で高度順応活動を行うことになる。この山では、登頂を目指すというより、いち早く高度に慣れるということに重点が置かれていた。19日の1日は、長旅の疲れを休める休養日となった。ホテルで一息ついてから、市内見物と昼食に出掛けた。アトランタは真冬で、黒人の多い街だったが、ここサンティアゴは真夏、そして人々はスペイン系といっていいのだろうか。中には少しメキシコ系、土着少数民族の血を引く人たちもいるように思えた。真冬から真夏へ、やはり地球の裏側へ来たのだなぁという実感が湧いてくる。

○エル・プロモのベースキャンプへ

アルプスのモンブランなら山麓の交通は便利だが、ここではそうはいかない。チリの首都サンティアゴの旧市街にあるホテル・ガレリアスを翌20日の昼前に出て、サンタ・ルシアの丘などを眺めながら隊は一路マイクロバスを2台連ねて力走した。向かうはラ・パルバスキー場。そこは3千メートル級の山岳地帯に展開する広大なスキー場で、南半球は夏という時期に滑ることができる本格的なスキー場としては、世界でも有数のものとのことだった。そして車はほぼ2千メートル近い標高差の所を、うねうねとあえぎながら登っていく。

およそ標高2800メートル地点辺りで道路工事のためストップ、やむなくその付近で最初のテント設営と宿泊をすることになった。この日、途中昼食に立ち寄ったホテル・ファレロネスのレストランで、初めて上空高くコンドルの舞うのを見た。またテント場から高度順応のために少し登った花の咲く斜面にエーデルワイスを発見し、みんなで歓声を上げたりもした。同行の現地ガイドはモリシオとギジェルモの2人。

車が予定地点までは入れなかったため、翌21日は丸1日、さらに翌日は半分も歩き登って、ようやく2泊目のテント場ピエドラ・ヌメラーダへ到着した。ここは標高３４００メートル、そして次の日にようやくエル・プロモＢＣへ、８時間ほどかけて登り着いた。もうここは富士山の高さをはるかに超える４３００メートルの高さだ。気温も低い。

○「チリのモンブラン」で高度順応

23日、エル・プロモ山頂へ向かって登高を開始した。氷河がまぶしく光っている。だが、朝の出発予定６時が7時になってしまったこと、雪面が硬く、ピッケルでカッティングしながら足場を作る作業もあったりして時間がかかったこと、少し雲行きも怪しくなってきたことなどで、４９７５メートル地点を最終到達地として一休みし、引き返すことにした。ある程度の高度順応が目的であったこと、山頂まではまだだいぶ体力も時間も必要と思われたことから、どうせなら山頂まで行けると良かったけれど、今後へ疲れを残しても良くないので、という判断になったのだった。

○アコンカグア入山

サンティアゴからメンドーサは至近距離にあり、ランチリ航空でほぼ1時間のフライトだ。メンドーサ到着の翌26日はいよいよアコンカグア入山の日となった。市内で入山許可証をもらう手続きを済ませ、登山口のレンジャーステーションでそれを提示、登山の第一歩が始まった。ＢＣまでは２日がかり、中間点のコンフルエンシアにその日はテント泊した。決められたトイレを使用せず、野天で用を済ませているところをレンジャーに見つかると１００ドルの罰金を支払わされる……、との話が伝わってきた。

ぼくらは27日、順調にＢＣへ到着。翌28日は休養日になった。この日ドクターが常駐するＢＣ診療所でメディカルチェックが行われ、明日のＣ１入りにパスしたのは、隊員９人中ぼくと在間さんと、一番若い女性ビッケちゃんの３人だけだった。

29日、ぼくら３人は永井氏やガイドらとともに、他の隊員には一足お先にと失礼してＣ１へ登っていった。もちろん見覚えのある風景だ。標高差約千メートル《メートル》強、天気はまあまあで風もあまりない。ＢＣの北西にそびえるクエルノ山が低くなってきたころ、アコンカグアの山頂が見上げられるキャンプ地ニド・デ・コンドレスに到着した。

○ＢＣで新年迎える

ここからは自分たちでテント設営をし、自炊する。３、４人くらいのテントに２人ずつ。ぼくとビッケちゃん、在間さんと永井氏。ガイドやポーターは別のテントだった。雪をビニール袋に入れてテントの入り口に置き、水を作りお湯を沸かす。ビッケちゃんがかいがいしくやってくれるので、ぼくは大助かりだった。ラーメンやポテトがおいしかった。翌朝に回したがお餅の小さな角切りもうまかった。

水分はどんどん取った。「1日5リットル《リットル》以上取るように」とのことだった。そしてどんどん出し、体内の循環を良くし、スナック菓子の袋が風船のようにパンパンになっているみたいな体内圧力を緩めていく必要があるのだという。とはいえ、なかなかそんなに飲めるものじゃないが、夜中には何度も何度もトイレに起き、自分の高度順応が快調にうまく進んでいると感じていた。

さらに高度の高いところで使う道具類の入った大きなバックもテント内にあるためスペースは狭い

が、体をくっつければシュラフ越しでもやはり暖かい。ビッケちゃんがぐいぐいぼくの方へ押してくるので、ぼくのスペースがさらに狭くなってしまい、ファスナーを開けてトイレに起き、また戻ってシュラフに入りファスナーを閉めるまでに、ずいぶん時間がかかった。ビッケちゃんはぼくのことをお父さんみたいだ、C2でも一緒に泊まろうね、Kさんにそう言おうねと言っていた。

翌30日もこの5千㍍を超えるC1でゆっくりし、少し上部へ登ったりして体をこの高度に順応させた。この日はBCからも何人かの人がこのC1へ上がってきたが、その人たちはドクターの指示で泊まることはできず、ぼくらと一緒にBCへ日帰りで下っていった。大みそかは最後の充電日。BCでも朝方はマイナス3度くらいまで冷え込む。そして昼間は外気温27度くらい、テント内は日差しが強いため37度にもなる。入口を2カ所とも開けるがまだ暑く、外へ出る。風はひんやりとしている。時々クエルノ山の氷河が崩落する爆音も響いてくる。そして夜になるとあっちこっちから音楽が流れ、花火も打ち上げられ、「ハッピーニューイヤー前夜」はいやが上にも盛り上がっていった。

○昨今のアコンカグア登山事情

アコンカグアは、南北のアメリカ大陸を通じ、また南半球としても最高峰となる山なので、5大陸、7大陸の最高峰にも入る世界的な山の一つといっていいだろう。それだけに近年入山者も増加し、12月から2月のハイシーズンを中心に、年間4千人にも達するほどになってきたという。富士山の登山者がひと夏で25万人であることを思えば、もちろんそれほどの大衆化ではないにしても。そのため事故・遭難も増えるようになってきたということらしい。

州立公園としてのメンドーサは入山料を4年前のほぼ倍額、1人３００ＵＳドルと引き上げた。まさにこの山は「ドル箱」となっているのだ。さらにもう一つ、徹底した環境対策と遭難撲滅キャンペーンが行われるようになった。

ゴミ袋を登山口で渡し、持ち帰らせるのは以前からだが、それに加えてのし尿による汚染対策だ。コンフルエンシアの100ドルもその一環だが、一つ一つのガイド会社によるBC団地、ぼくらのアジムット360では、キッチンや食堂などの大型テント5棟と3、4人用テント20張り余ごとに仮設トイレを設置し、鍵の使用による厳格な利用の管理がなされていた。夜間はオープンだが、午前8時から午後8時までの昼間は、利用者一人一人が管理棟で鍵を借り、使用後は返すという徹底ぶりだ。

トイレの便槽はドラム缶を少し細くしたような大きさで、満杯に近くなるとそれを人力により引き上げヘリで搬送する。またBCから上部では、登山者に「うんちパック」のビニール袋が渡され、自分の出したものは自分で持ち帰るようになっている。4年前だと、ぼくらは天然トイレだと思って垂れ流していた。

遭難撲滅キャンペーンは、昨年辺りから特に強化されたようだ。以前から希望者は無料で診てもらうことのできるドクター常駐の診療所テントがあったが、今はそれが2カ所となり、それぞれに4人くらいずつのドクターが詰めている。そしてガイド会社、レンジャー、ドクターが一体となって登山者一人一人の体調をチェックし管理する。

チェック項目は主に三つで、血中酸素濃度（SPO2）と心拍数、そして血圧だ。数値の良くない者には聴診器を当て、触診も行う。そしてそれが1回だけの関門ではなく、順応行動の前後とか休養日、アタックを目指す上部キャンプへの出発前日の午後4時、出発当日の朝8時など、絶えず繰り返されるのだ。ことに数値変化の大きい人や高齢者などは留意事項になっているのではないかと思われる。

○メディカルチェックに引っかかる

ぼくの場合は、最初のメディカルチェックは運良くパスし（９人中３人だけでした）、いち早くＣ１へ上がって泊まり、翌日ＢＣへ下って休養するという行動をとることができたが、その後は繰り返し抜き打ち的なチェックをされた。70歳オーバーということで特にマークされていたとしか考えられない。

ベースキャンプの朝方は氷点下の寒さだ。もちろん暖房などあるわけもないし、ぼくは使い捨てカイロも使わない、もっと寒い上部への鍛錬のつもりで。だから、誰だって血圧も多少は上がろうというものだ。ましてやここは４千㍍を超える高所だ。みんなも次々と引っかかっていった。エベレスト登頂者もＫ２登頂者も一時足止めを食うといったありさまだった。昨日午後合格した人が、今朝になって「ＮＯ！」と言われることもしばしばだった。特に血圧が重視された。「上が１４０台、下が80台」というのが目安と思われた。

ぼくは大みそかと、明朝出発しなければ時間的にラストチャンスを失うという元旦の夜にも夕食中にドクターの急襲を受けた。ＳＰＯ２ではドクターも思わず「ＧＯ！」と言ったほどの90台を示していたにもかかわらず、登頂の可能性がかかる緊張の中の測定結果は、どういうわけか血圧は１９０と１２０という高い値を示した。この数値は「ＷＨＯ／ＩＳＨ診療指針」でグレード３（重傷）となる。２日に行われた測定でもこの状況に大きな変化は生じなかった。

○下山指示

「これは、早く下部へ下りた方がいい」

「ヘリを用意します。今夜のうちに下りますか？　それとも明朝にしますか？」と、ドクターに迫られた。もうぼくは抵抗する余地のないところへ追い込まれていた。

そこで、荷物まとめの時間も必要であり、明朝6時を選び、当日のヘリの都合もあって結局、冒頭書いたように3日の昼ごろになってヘリに乗り込むということになったのだった。

しかし、このキャンペーンやドクターを恨めしく思うのはお門違いというものかもしれない。よく考えてみれば、登山者一人一人の健康状態を、これほどまでにチェックしてもらえるなどというのは、ありがたい話なのだ。ぼくがもしこの状況でC1、C2、アタックへと登高を続けていけば、あるいは脳卒中、心筋梗塞、突然死となったりする危険性なきにしもあらず、ということのようなのであった。今ここではドクターの判断と指示は、レンジャーや警察官を上回る権限を与えられているのだとも聞かされていた。

ただ、総合的な健康状況、リスクを乗り越えられる体力があるかどうかなどには個人差も大いにあろう。それに、人間ドック式の全面チェックではない。「疑わしきはNO！　とせよ。低地へ下ろせば間違いない……」といった面がなくはないとしたら、ぼくなどえらい目にあってしまった、頑張れば登頂できたかもしれない可能性の芽を摘み取られてしまったと、思わぬでもなかった。実際に、ぼくはSPO2値が示していたように、高度にはかなり順応できていたはずで、満を持していたのだったから。

○アンデスの風に癒やされ

登山口のレンジャーステーションへ降り立ち、入山許可証とドクターの診断・指示書を示すと、下山手続きは簡単に済んだ。ぼく1人のための迎えの車が来ていた。登山口から最寄りで、この近辺唯一のホテル、ペニテンテスのアジェーレンは、車でものの15分か20分くらいの所にある。その中間辺りには観光名所の一つ「インカの橋」がある。

車がホテルに着くと、アジムット360スタッフの女性が笑顔で迎えてくれ「お待ちしていました、分かっています。承知していますよ」といった感じでチェックインも手伝ってくれた。

ぼくが高度順応で上がっていたC1からBCへ下った12月30日に、すでにヘリ下山されたC子さんがここにいるはずなので、そのフランス人女性サビナに「C子さんは……」と言うとすぐにその部屋へ案内し会わせてくれた。C子さんは「1人下りてくる、という情報を聞いていたけど澤田さんだったの……。順調にC1まで上がっておられたのに……」と、少し驚いた様子で歓迎してくれた。

後で分かった登頂状況は、ツアーの全11人中5人。ツアーガイド1人と隊員は女性3、男性1の計4人、この男性はアコンカグア登頂によって日本人として7人目のセブンサミッター（7大陸最高峰登頂者）となったランナーさん。女性ではビッケちゃんとKazueさん、K子さんという結果であった。

アンデスを横断してメンドーサとサンティアゴを結ぶ大動脈のハイウエーがホテルのすぐ前を通っていて、ぼくは自分の部屋の窓から往来する大型トラックやバス、さまざまな車種の車が走るのを眺めることができる。そして、ハイウエーに沿って今は使われていない鉄道線路も延びている。

C子さんも日数がたち、元気を回復しておられた。ぼくらはサビナに教わってホテルの裏側に広がる丘へハイキングに行くことになった。クエバス川に架かる小さな橋を渡り、かすかな踏み跡をたどって線路を越えると、そこには赤茶けた砂礫《されき》地に少しとげのある草や昼顔に似た花が咲く丘が広がっていた。ところどころに大岩が「ごろんごろん」、「ぽつんぽつん」と転がっている。日差しは強いが風はさわやか。見上げると鋸刃のような岩峰の山が、あくまでも青いスカイラインに映えている。

「澤田さん、あの岩陰で一服しまひょか」とC子さんが言った。

「いいですねぇ」。

ぼくらはそこに腰を下ろし、一休みすることにした。アンデスのさわやかな風がぼくの頬を優しくなでていった。ぼくはすっかり落ち着き、ふんわりとなった。そして現状をそのまま素直に受け入れられる気持ちになっていった。おかげでぼくの人生も、もう少し続けられることになったのかもしれない。

アンデスの懐に、三度《みたび》抱かれる日は来るだろうか。

（みのハイキングクラブ「会報」10号・年金者組合関支部「やっとかめ通信」220号）

初めてのヒマラヤ

２００５年10月　善太郎

○アコンカグアの借りを返す

ぼくのような素人の山好きが、大それたことながら、実は思っていたのだ。ヒマラヤ登山がしてみたい、できれば６千メートル級あるいは７千メートル級に登ってみたい……、などと。

そういう願望の火種は、だいぶ前からぼくの胸の奥でチロチロと小さくともり続けていた。でもなかなかそういう機会は訪れなかった。というより、目前の課題として、はっきり捉えるところにまでは近づいて来なかったといった方がいいかも知れない。その原因ははっきりしている。アンデスだ。南米・アンデス山脈の最高峰アコンカグア６９６１メートルの「足踏み」にあった。

最初アコンカグアに向かったのは２０００年の年末から２００１年の初めにかけてだった。このアルゼンチン・アンデスの山アコンカグア、そして半年後の6月には北米の最高峰、アラスカのデナリ（マッキンリー）６１９４メートルへ、という話があらかじめKさんから出ていたのだった。でも残念ながら、そのアコンカグアには登頂できなかった。あの山をしばしば襲う独特の猛烈な嵐につかまってしまい、最高到達地点６０５０メートルをもって終止符が打たれた。さらにデナリの話もいったん立ち消えとなった。

性懲りもなく仕切り直して、再びアコンカグアに向かったのはその4年後、２００４年の年末から２００５年の年始にかけてだったが、またもや高い壁にはばまれてしまったのは、前の項に書いた通りである。年齢はこの時すでに70歳代に突入していた。

◯いざネパールへ

そしてヒマラヤである。自分のみならず山をかじったことがある者ならば、いつか一度は登ってみたいと思うのは当然だろう。ただ、いくつもの旅行社からふんだんに各種のプランが出されていた「エベレスト街道トレッキング」には全く触手が伸びなかった。誰でも、いつでも、どんなコースでも用意されていたけれど、ぼくの心はこれまで「ぜーんぜん」動かなかったのである。「トレッキングなんかもっと歳とってからや、いつでも行ける」と思っていたからだ。まずは登山が先だと決め込んでいた。

ところがアコンカグアでもたついている間に、時がだいぶ流れてしまった。ぼくにとっては今どき、時は金よりも（いや金もだけれど）大切なのだ。それで実をいうと、雲行きが少し怪しくなりかけてきた気配があった。「こらっ、登山を諦めるなんて10年早いぞ！」と、もう1人の自分に叱られた。「諦めたわけじゃないさ！」と自分に言い聞かせながらも、「まずは一度くらいヒマラヤを、ネパールの様子を見に行ってみるのもいいか」という気にはなってきた。そして行くとしたら、アンナプルナやランタンもあるけれど、最初はなんといってもエベレスト街道だろうと思った。

なじみになってきている旅行社の一つ、名古屋のT社にプランの素案を作ってもらった。楽に行けるコースと、少々がんばりが求められるコースの二つが出てきた。これをそのままクラブ仲間にお知らせしたら、合わせて10人もの希望者が集まった。よし行こうか、みんなで行ってみよう、ようやくぼくの腹も決まった。

みんな、山登りで食ってるわけじゃないので、それぞれに仕事や生活上の都合もある。何度かの打ち合わせ会をやって、9日間コースと18日間コースのメンバーや日程が決まった。最大の敵は高山病なので、事前にその学習会をやったり、トレーニングで10月に富士登山も行ったりして準備を進めていった。9日間コース4人、18日間コース6人となり、ぼくは18日間コースへの参加を決めた。

ぼくら6人の先発パーティーは、2005年10月21日午前発の便で中部国際空港を飛び立った。ネパールへの直行便はないので、まずタイ・バンコクへ飛んで1泊し、翌日にネパール・カトマンズ入りをした。「うっへー、とうとう来たなぁー」。そしてさらにその翌日、日本をたって3日目の10月23日、ルクラという所からいよいよトレッキングが始まった。

○片道70キロのエベレスト街道トレッキング

いわゆるパックツアーとは違うので、日本の旅行社からのツアーリーダー（添乗員）は同行していない。T社から手配しておいてもらった、カトマンズのトレッキングガイド会社であるF社から、ガイド1人とアシスタントガイド1人が付くことになった。その他に、メンバーのTさんが独自にカメラ機材などを運んでもらうポーターを1人頼んでおかれた。この計9人はカトマンズのホテルから一緒にスタートしたわけだけれど、さらにルクラへ着いてからF社によって3人のポーターが雇われ、総勢は12人という体制になった。

チーフガイドの名前はラジェス・ダンゴル。大柄な30歳の好青年だった。誰かが「ラジエーターと覚えりゃあいいなぁ」と言った。そのうちにそれがつづまって、Fさんなどは愛称の意味も込めて「ラジェッタさん、ラジェッタさん」などと呼んでいた。

山の斜面を利用して短い滑走路が作られている、小さなルクラの飛行場へ降りたところから歩き始めたんだけど、そこから目的地のカラパタール山頂まで71キロあるという。すると往復で142キロ。ともかくその長い長ーい道のりをぜーんぶ歩き通さなくちゃいけないのだ。もう車の通れるような幅広の道は全然ないのだ。すべて山道。だいたい道幅はいいとこ平均で1メートルくらいか。

だから人とすれ違うとき、いやポーターさんや大荷物を背中に乗せたヤクなども通るが、そんな時は山側に身を寄せて自分を守りながら、道を譲らなくちゃいけない。体調を崩して歩けなくなり、車……いや少数だけど馬に乗せてもらうとか、あるいはポーターさんにぶっこしてもらって下山していくとか、そういうのはまるっきり見かけなかったなぁ。そんなやわな人間は来ちゃあいけないからいないんだろうか。

それに、ただ長いだけじゃなくて高度のことがある。登りの後半は4千メートル、5千メートルだ。しかも酸素が薄ーいとくる。だいたい富士山頂で3分の2、カラパタールで2分の1だ。楽じゃない。10月23日に歩き始め、カラパタール山頂に登り着いたのは10月29日だからちょうど1週間、毎日平均10キロは歩いたことになるのだから楽じゃない。

○ヒマラヤ山脈がお出迎え

ルクラの飛行場に降り立つと、もうピラミッド形の白い雪山が見えるけれど、街道沿いから見える主立ったものとしては、初日最初に出会うのがドゥド・コシ川右手奥に現れるクスム・カン（６３６７メートル）だ。威厳があり「おう来たか」と言っているような気がした。２日目の、ナムチェ・バザールへ向かう日になるとまずタムセルク（６６２３メートル）が出てくる。この山は、これから先エベレスト街道で長い付き合いとなる山の一つだ。そしてもうこの日に、早々とエベレスト（８８４８メートル）、ローツェ

（８５１６メートル）という巨人が遠望できたのだ。

　ナムチェ・バザールへ向かって山腹の急坂を登りつめ、尾根に出たところがちょうど一休みするのにいい所で、そこからはまだはるか先の先ではあるけれど、うまくばっちりとエベレストが見えるのだ。「あっあれだ！　ほぉーっ」という感じで、まだ心が揺さぶられるほどの感動ではないけれど、初めてこの目で見た「ジャイアンツ」の姿に、胸の中にただならぬざわめきのようなものが起こってきているのを感じた。

○エベレストの大パノラマ

３日目は、当初予定を少し変え、９日間コースの人たちの目的地となっているシャンボチェを経由してキャンズマに下るコースをとることになった。シャンボチェには世界最高所だという飛行場があった。といっても、なだらかな広い斜面の草原だった。腕のいいパイロットなら、小型飛行機の離発着ができるのだろう。でも利用はごくまれなことのように思われた。何しろ標高が３７５０メートル、富士山頂と同じなのだから。

　そこから少し斜面を上がると緩やかな峠に出た。あっと驚く光景が目の前に遠く広く展開していた。大パノラマだ。ぼくの胸はドッキンと高鳴った。まず右手には、昨日から姿を見せ始めていたタムセルク（６６２３メートル）、そしてカンテガ（６７７９メートル）。次いで、それに続くあの高貴な姿の白い山こそ、その名をよく知られた、一目見ればすぐに分かるアマ・ダブラム（６８５６メートル）だ。初日に出てきたクスム・カンも右手奥に姿を見せている。そしてそして、正面遠くに鎮座するのがいわずと知れたエベレスト、ローツェ。天気は快晴で、感動的な瞬間だった。この一瞬のためにこそ、頑張ってここまで歩いてきたのだ。

このような大展望地が、ぼくらが歩いたコース上にもう1カ所あった。それはタンボチェだ。そこは4日目に通過した。だけどその時は惜しくも濃霧のため何も見えなかった。このタンボチェでは、帰路宿泊もし、十分すぎるほど堪能することになったが、それは後で述べよう。この日初めて標高4千メートルのラインを超える順応行動をした。

5日目。山道は川沿いの山腹に付いているんだけど、この辺りからはもうドゥド・コシと別れ、イムジャ・コーラ沿いとなっていく。右岸であるため対岸側になるアマ・ダブラムの真下を通るくらいの感じになっていく。やがてこの山は、ぼくらが通り過ぎて北西面から見ることになっていくにしたがい、だんだんその姿を変えていくところが何とも面白いというか不思議だ。この日の泊地ペリチェは標高4280メートル。今年完成してオープンしたばかりという新しいロッジで、その名も「ザ・ホワイトヤク」という所へ泊まった。わがパーティーは6人ともうまく高度順応ができている感じだ。

6日目はペリチェからロブチェだ。ロブチェは標高4930メートル。カラパタールを目指す最終の宿となる。水系はイムジャ・コーラからクーンブ・コーラとなっていく。エベレストはもう昨日辺りから地形上全然見ることができない。左後方にはタウツェ（6542メートル）、右手にはエベレストを後ろに隠して立ちはだかるように立つ、とがった三角形のヌプツェ（7861メートル）が屹立《きつりつ》し、なんか怖い顔をして立っているようだ。

ロブチェへ向かって登っていくとやがてとがった三角形で、頂上部はまろやかなプモ・リ（7161メートル）が見えてくる。もうこの辺りはクーンブ氷河沿いの区域に入っている。いよいよ来るところまで来たなぁ。少し気持が高ぶってきているのを感じた。明日は天気が良いといいがなぁ。

○村人たちの暮らしぶり

ぼくらは、ルクラからの往復13日間12泊が全てロッジ泊まりだった。2001年9月11日の同時多発テロ以降、トレッカーが減少してきているということを現地で聞いたけど、そのせいかハイシーズンなのに全日泊まれた。集落によっては、ロッジが数軒しかないという所もあるのだけれど。前もって予約しておいたところというのは、1、2カ所ぐらいのものだった。あとはその日その集落へ行ってから手続きをするというのがほとんどだった。これは、トレッキングが必ずしも計画通りに進んでいくとは限らず、天候やトレッカーの体調などで、今日はどこまで、明日はどうするというように進行していくことからくるものと思われた。おかげというか、ぼくらはテント泊を1回もしなくて済んだ。

ただロッジの食事は、ぼくら日本人にとってあまりぱっとしなかった。結構分厚いメニューが食事のたびにどこでも出されるのだけれど、結局注文できそうなのは限られていて、ネパール調理のジャガイモや焼きそば、パン類、定食、オムレツなどとなってしまう。2、3日ぐらいならそれでもいいけれど、やがて食べあぐねてしまった。お腹のためにおかゆも頼めたが、出てくるのはパラパラご飯の湯漬けに近い。それでガイドが気を利かせてキッチンに入り、口に合うものを作ってくれるようになったため、ぼくらは大いに助かった。

エベレスト街道沿いの集落に住んでいる人たちは、ほとんどがトレッカーや登山者の世話、物資販売など観光関連の収入で暮らしを立てているのだという。でも日本人の今の価値観でいえば、多くの人が豊かさにはほど遠いというところだ。けれど、それを測る物差しそのものにぼくらは「?」を投げかけるべきなのかも知れないとも思った。「豊かさとはいったいなんだろうか」と。

○ヒマラヤガイド魂

ところで、ガイドが高山病になったのには驚いた。チーフガイドは「頭が痛い、ガンガンする」といって山頂までは登らず、手前の肩のところまで登るのをやめた。Tさんのカメラポーターはもっと手前、最後の泊地ロブチェのロッジ「サガルマータ」へ到着してからいよいよ調子が悪くなり、夜になってからアシスタントガイドに伴われて、暗い中をまずはペリチェへと下って行ってしまった。高山病を治すには、早く低いところへ下る以外にないからだ。実はこの2人は兄弟で、カメラポーターのほうがお兄ちゃんだった。

弟の方はというと、なんとなんとまだ暗いうちにペリチェを発ち、翌朝本隊がロブチェのロッジを山頂へ向け早朝に出発するまでに戻ってきたのだ。ぼくらが昨日5時間15分かけて登ってきたコースをだ。おそらく前夜は一睡もできなかったはずだ。恐るべきことだった。これがガイド魂というやつに違いない。それでいて、疲れて眠そうな顔一つせず、にこにこと兄貴の分のカメラザックも担いで、Tさんと一緒に山頂まで登ったのだった。トレッキングガイドというのは山岳ガイド（シェルパ）とは違うので、今度のようにチーフガイドでも高山病になったりするということなのだろう。

○奇祭に遭遇

ぼくらのネパール入りは、日程的に大変幸運な時期だった。10月末から11月初めにかけてはネパールの祭りティハールで、祭りは5日間行われる。光の祭りであり、収穫祭であり、女神ラクシュミーの供養祭であるという。その4日目から新年が始まる（ネパール暦、太陰暦）。トレッキング中の至る所で、ロッジへ泊まればそこの庭でも、楽器を奏で男女が楽しそうに歌い踊るという具合だった。学校建設の資金の一部に……というわけで、ちゃっかりと帽子を持って回るということも伴ったりしていた。

そこで、往路は濃霧だったタンボチェだ。ここにはクーンブ地方で名の知られた、大きくて立派なタンボチェ・ゴンパ（僧院）がある。ぼくらは寺院の中へ入ることができた。そこでは大勢の修行僧による読経が行われていた。そしてそれがいったん終了して区切りがあった後、午後4時ごろから、その寺院で20年ぶりに行われるという祭礼行事を拝観できる僥倖《ぎょうこう》に巡り合った。

それは今までに全く見たことのないもので、造り物を持ち、かぶり物も付けた僧らによる誠に摩訶《まか》不思議で厳粛なものだった。祭事は小1時間続けられ、最終段階では斜面の枯れた灌木《かんぼく》に火を放ち、造り物がそこへ投げ入れられ矢も放たれた。

このタンボチェの夜は満天の星、翌朝はもちろん快晴となった。YさんやTさんらは暗いうちから起き出し、三脚を立ててカメラを構え、凍るような寒さの中、シャッターを押し続けておられた。ぼくもデジカメを持って後を追い加わった。払暁《ふつぎょう》のその光景と展望は、アマ・ダブラムからローツェ、エベレストなどまで360度広がり、あのシャンボチェに勝るとも劣らぬ、感激の一刻一刻だった。そこタンボチェには厳冬期のエベレストに消えたあの加藤保男の慰霊碑もあった。

○カラパタール（5545ｍ）

いよいよ7日目の10月29日となった。午前4時を回るころに起き、身支度をした。昨夜ガイドが無理を言ってロッジに出発時の温かい飲み物を頼んでおいてくれたので、みんなその熱い紅茶を飲んでから出発することができた。朝食はなしだ。朝飯前に３時間ほど歩くのだ。

　ブルブルッ。「おお寒い！」。マイナス５度くらいになってるんじゃないだろうか。午前５時出発の予定が、少し回ってしまった。もちろんまだ真っ暗なのでヘッドランプだ。やがて徐々に夜が明けてくる。クーンブ氷河の端を歩いていた。「快晴だ！」うれしい。標高差は３６０メートルほど、３時間弱の歩きでゴラクシェプに着いた。やっとここで朝飯にありつけるというわけだ。

　ここは、エベレスト・ベースキャンプ（ＢＣ）への、コース上最終の宿泊施設でもある。小さいがレストランもある。標高は５２８８メートル。ここから、カラパタールへもエベレストＢＣへも、それぞれ２時間から２時間半くらいで到達できる。

　ゆっくり朝食を取り、午前９時ごろそこを出発した。北に向かって歩き、登る。正面の奥には白銀のプモ・リが美しい。カラパタールはその手前になり、「黒い岩」という意味だと聞いた。

　かなりうまく順応できてきたとはいえ、５千メートルを超えるとさすがに苦しくて早くは歩けない。Ｔさんやさんはいい写真を撮りたいという願望も強いからか、先の方を歩いている。Ｆさんたちも前の方だ。６人のうちの、わが高齢夫婦は最後尾をヒー（これは悲鳴のヒーだ）、フー（これは腹式呼吸をする音のフーだ）言いながら「エンヤラヤッと」で付いていく。

　チーフガイドは「この辺で待っているから……」といって止まってしまい、もう登ってこない。カメラポーターのお兄ちゃんもいない。残るアシスタントガイドの弟は先頭辺りにいる。傾斜はそんなにきつくないのだけれど、かなり曲がりくねったガレ場のコースで、なかなかピークが見えてこない。後ろや横の景観に目をやるゆとりもない。

まだかまだかと目的地点到達を渇望しながら、黙々と足を運ぶ。ゴラクシェプをたってから２時間くらい歩き続けただろうか。「あっあそこや！」。登山者が何人か固まっている、少しとがった高みが見える、そういえば黒っぽく見える岩山だ。「とうとう来たなぁ」。

ピークへの登りは、大岩がごろんごろんと積み重なったような所だった。タルチョー（チベット仏教の祈りの旗）がはためいている。わがパーティーの６人＋１の他にも登山者がいて、全部で二、三十人ってところだろうか。ぼくはそこでやっと後ろを振り返った。

○エベレスト至高の景観

「うわーっ、何ということだ、これは！」。大パノラマとはこういうことをいうのだと思った。カラパタールはエベレスト山域を眺めるのに最も間近で、最良最高の展望台だと聞いていたけど、それが今目の前に展開している。エベレストのＢＣ辺りも見下ろせる。そこから右上に向かってせり上がり、サウス・コルに突き上げていくアイスフォールも手に取るように見える。

ここはエベレストＢＣより３００《メートル》ほど高いのだ。カラパタールとは丘状台地全体のことをいい、このタルチョーのピークは５６５０《メートル》あるとの情報もあった。世界最高峰エベレスト、これは英語名だが、ネパール語名はサガルマータ、チベットではチョモランマ。エベレストの登山隊以外では、エベレスト街道の最終目的地がこのカラパタールだ。

このすごい大迫力に胸が、頭が、体全体がジーンとしびれるようだ。感動の波が血液のように体中を駆け巡っている。

山頂は風が強く、寒くてじっとしてられないので、それぞれが、それぞれの感動を胸に抱きながら、

「みのハイキングクラブ」メンバー

ヒマラヤ5000㍍級登頂

エベレストを間近に感動

県内の登山愛好者でつくる「みのハイキングクラブ」（浅野孝司代表）の五十代以上のメンバーが、標高四千㍍を超えるネパール・ヒマラヤのトレッキングに挑み、高峰カラパタール（五、五四五㍍）の頂上に立った。世界最高峰のエベレストを目前にしたメンバーは「次は六千㍍級に挑戦したい」と意欲を燃やしている。

トレッキングをしたのは、澤田善太郎さん(七二)＝美濃市広岡町＝ら十人。澤田さんら六人はネパールのルクラ（二、八二七㍍）を十月二十三日に出発し、一日六時間から十時間を歩き、同二十九日にカラパタールに登頂した。また、四人は十一月一日にルクラを出て、同三日にシャンボチェ（三、七五〇㍍）を登った。

澤田さんは「空気が薄くゆっくりとしか歩けなかったが、山頂に立ち、エベレストを間近で見ることができた」と話していた。（山田雄大）

カラパタールの山頂に立つみのハイキングクラブのメンバー。後方にエベレストが見える。

2005 年 11 月 21 日付 岐阜新聞

नेपाल पर्वतारोहण संघ

NEPAL MOUNTAINEERING ASSOCIATION

P7/14/067-68/

Certificate of Successful Ascent

This certificate is awarded to

Mr. Sawada Zentaroh of Japan

Passport No. TG 7632538

For Successful Ascent on

CHULU EAST Peak, 6584 m

on 8th November, 2010

We wish him every success for his future endeavour.

Date : 22 November 2010

Jinesh Sindurakar

Asst. Chief Administrative Officer

ネパール山岳協会の登頂証明書

そこそこに下山を始めた。ぼくら夫婦はまた最後尾を「チンタラチンタラ」下っていくことにした。1人で何役をも果たしたアシスタントガイドが、エベレストを背景に写真を1枚撮ってくれた。下りはもうぜーんぜん苦しくない。身も心も軽々と弾んでいる。朝飯を食べたゴラクシェプで昼飯だ。夕方までに昨夜の泊地ロブチェのロッジ「サガルマータ」へ着ければいいのだ。

それから4日後の11月2日、ぼくらがナムチェ・バザールから下っていく途中、9日間コースの4人の人たちとすれ違うことになった。しばしそこで小休止を取り歓談した。そしてさらに11月5日にはカトマンズの「ホテル・マウンテン」で2隊が合流、夜は市内のレストランで合同祝賀パーティーとなり、お互いの健闘と成功をたたえ合った。

（みのハイキングクラブ「会報」11号）

カナディアンロッキー

2006年7月　善太郎

○スイスに続いてカナダ

あの戦中から戦後にかけてのひもじさの中、ただ〝今〟を生きているだけで精一杯だったぼくにとって、海外へ行くなどということは、夢にさえ出てこようはずもないことだった。そしてやがてぼくらは、高度成長支え手の世代となり、やはり必死になって、わが身わがことは二の次として、昼夜を分かたず働きに働いた。そんな中で、ほんのいっときながらも、大自然の中に身を置き山を歩くことは、ぼくにとって自らの命の輝きを見い出すことであり、それを発見し続けることのできる、かけがえのないライフスタイルとなっていった。

そのうちぼくの命は、夢も見るようになってきた。ヒマもカネもないけれど、あの山にはぜひ登ってみたい、あんな所へ行けるものなら行ってみたいなどと。人の命は解放されると夢を見、それはだんだんと膨らんでいくものらしい、かなうかなわぬは別として。夢には国境がないから、それは海の外へも広がっていくことになっていった。最初筆頭に挙がったのはスイスだった。アルプスだった。アルプスをぜひこの目で見てみたい、できれば山登りもしてみたい、と。

その次に挙げていたのが実はカナダだった。カナディアンロッキーの素晴らしさ、美しさは書物や写真でよく知っていた。でも、国内の山登りの計画も次々と目白押し、その機会はなかなかやって来なかった。が、２００６年の夏、ついに山仲間の皆さんと語らって具体化が進み、10人のメンバーで実現するという運びになってきた。

○オーダーメードのツアー

旅行会社の出しているパンフレットには、いろいろなモデルコースが並んでいるが、そんな名所や観光地の表づらをバスで駆け回るようなツアーに、ぼくらが満足できるはずはない。現地カナダのガイド会社にも問い合わせてもらったりして、自分たち用の特別企画を、日本の旅行会社に立ててもらった。その後もさらにいろいろ注文を出したりして練り上げてもらうという、みっちり充実型のプランであった。そしてもちろんそれは日本からの同行添乗員なし、現地空港着陸後、現地ガイドと初めて顔を合わせるという方式のものにした。

ホテル代などが一番高い時期だけれど、日程をハイシーズンのど真ん中にしてもらった。そしてぼくらの行動パターンは、次から次へと宿を移動していくような旅とは違い、バンフの中心街にあるホテルに定着・連泊し、北へ南へ東へ西へと専用車でカエデの葉型に動くというやり方を採った。だったら車で毎日走ってばかりかというと、それがそうじゃなかった。向こうでの正味滞在5日間は毎日ハイキングをした。1日平均の歩行距離は10キロプラス。登高した標高差は、1日平均574メートルというものだった。観光旅行だったら考えられないような、体力がかなり求められるハードなものだった。それも行動範囲は、カナディアンロッキーの主要な国立公園四つのうちの三つにもわたるものであった。

○お花畑はグリズリーのすみか

7月19日

昨日の午後中部国際・夕方成田をたって、バンクーバーを経由しカルガリー着、同じ日付の夕刻にはもうバンフのホテル、ブリュースターズ・マウンテン・ロッジにチェックインをした。ちょうど時差分の15時間ほどをかけてここまで来たことになった。明けての今日は滞在第1日目。同じここバンフ国立公園内にある「ヒーリー・メドー」へハイキングをした。歩行距離は往復18キロ、標高差は650メートルある。この標高差は、歩き始め地点と到達地点との差で、途中のアップダウン分は入っていない。

ここヒーリー・メドーは、バンフ国立公園ナンバーワンのお花畑がある所だという。ガイドが後でメモを見せてくれたが、この日、自分たちが見て気づいたものだけで44種類の花が確認された。花が出てき始めたのでカメラを出す人があったが、ガイドは「まだまだこれから、こんなもんじゃないよ」

と言いながら歩き進んでいく。時々大きな奇声を発してクマに人間が進入してきたことを知らせながら。

日本でも見かける花に似たウエスタン・アネモネとかワイルド・ストロベリーといった花もあった。途中ヒーリー・クリークのせせらぎでは一休みしてお茶を飲んだりした。およそ3時間も歩いたころだったか、なだらかな丘状の所に出た。そこはもう見渡す限りの花、はな、ハナ。よく富良野の整った丘の畑が写真になったりしているが、あの丘全体が色とりどり、あふれんばかりのお花畑だと思ってもらえばいいだろうか。思わずため息が出てしまった。きれいな自然のお花畑は日本にも各地にあるけれど、こんなどでかいスケールのものは見たことがない。

ぼくは一つだけしっかりと名前を覚えてしまった花があった。それはインディアン・ペイントブラシだ。花高は20センチ前後で、上部の包葉が3、4センチほど赤や薄黄色など各種に色づいている。でもそれはかわいかったからとかきれいだったからとかいうより、名前がおもしろく覚えやすかったからだった。

最高到達点のヒーリー・パス（峠）からは、晴天に恵まれたため、カナディアンロッキーのマッターホルンともいわれる名峰マウント・アシニボインが南東方向に展望できたのは幸運だった。この日、野生動物ではエルク（オオツノジカ）、ビッグフォーンシープを見ることができた。

○湖の美しさに見とれる　7月20日

この日は、氷河や湖を主として眺める旅とし、合わせて標高2315メートルのピーク「パーカーズ・リッジ」へのハイキングも行った。距離的にもいちばん遠出をした日になった。

最北にあるジャスパー国立公園の南端に位置する、ロッキー山脈最大の氷河コロンビア大氷原、そこから流下する氷河の一つアサバスカ氷河ではその舌端を少し歩いてみるということもできた。この付近一帯はコロンビア・アイスフィールドとなっていて、そこにあるアイスフィールド・センターはいわば博物館、ぼくらはその中へ入ってゆっくり学習もした。

昨日は広大なお花畑に驚かされたが、今日は、この大氷河もさることながら、それはそれは美しい夢のような湖にも驚かされることになった。この日見た主なものとしてはペイト・レイク、ウォーターファウル・レイク、ボウ・レイク、ケフレン・レイクなどだった。その中でもペイト・レイクはガイドの隠し玉という感があった。それを眺め下ろす位置、場所も厳選して案内してくれた。そこは国道の峠ボウ・パスに近い所ではあったが、観光バスの客はそこ、ぼくらが行く所までは来ない、来られないという狭い所であった。そこへ到着すると初めてその湖が見下ろせ、目に入るという場所だった。3千《メートル》級の山マウント・パッテルソンの麓になり、ペイト氷河から解けて流れた水を集める湖であった。

あの色はなんと表現すればいいのだろう。エメラルド・グリーンというのかトルコ石の青といったらいいのか。神は、なんと美しいものをこの世に創り出したもうたのだろうかと、唯々《ただただ》感嘆するばかりであった。この日見た野生動物はブラック・ベアー（黒クマ）の子どもで、一心不乱に柔らかそうな木の葉を食べ続けていた。親グマが近くで見守っていたかもしれない。

○「ラーチ・バレー」の景観に大感動　7月21日

ガイドの肝いり企画で、今日は「スタンレー・グレイシャー（氷河）」へ行くことになっていた。

このコースは、山火事跡を抜けていく懸垂氷河のある谷間歩きだった。ところが朝、現地へ行くとロープが張ってあり「クマの活動が活発になり危険なため封鎖する」旨の表示がしてあった。

２００年から２５０年に１回の周期で自然発生する山火事によって、世代交代をしてきたロッキー山脈の森林は、１９７０年代ごろから進歩した山火事の早期発見と消火技術のため、山火事そのものが初期鎮火されることとなり、皮肉にも多くのエリアで森林の老化をもたらすことになっているのだという。ガイドは、このような壮大な自然のサイクルを、自分の目で見てもらいたいと願っていたもののようだった。だが立入禁止となってしまっては致し方ない。

それじゃあというわけで、バンフ国立公園の中でも屈指の景勝地「ラーチ・バレー」へと方向転換してくれた。美しく大きな湖モレーン・レイクと、それを取り巻く標高３千メートル級の高峰群テン・ピークスの眺めは、今回の山旅景観の中の最高傑作とでも言いたいような素晴らしいところだった。

観光客らはその湖畔から景色を眺め、写真を撮るとそそくさとバスへ戻っていったが、ぼくらはそんなもったいないことはしなかった。標高差４２０メートル、往復距離10・４キロのラーチ・バレーへとハイキングをした。

モレーン・レイク・ロッジの前を通り、すぐ右手の登山口の指導標から右のトレイルに入った所で、腕章を付けたレンジャーの女性によるチェックがあった。１パーティー６人以上でないと入山は許可できないという。それはクマの生息数が多くて危険性が高まるからという理由であった。ぼくたちは11人パーティーだったので、問題なく入山することができた。

テン・ピークスの峰々には、№３はマウント・ボウレン、№７はマウント・チューゾーというように、各々にちゃんと山名があり、一つ一つが風格ある岩峰№10まである。ラーチ・バレーはラーチ（カラマツ）に恵まれた山上の楽園で、終着地点には小さな山上湖ミネスティマ・レイクスがあった。ぼくらはそこで大休止をとって手足を伸ばし、目の保養に専念することができた。

この日は、グリズリー・ベアー、シマリス、地リスなどの動物に出会った。

○世界有数の大瀑布　7月22日

今日も「こんなに晴天ばかり続けていただき、ありがとう」と言いたくなるような好天日だ。もうおなじみとなってきた国道1号線、トランスカナダ・ハイウエーを突っ走る。この道はバンフ国立公園を東西に横断している。バンフの街から北に向かうと間もなく、右手方向にヨーロッパ風の城を思わせるバカでかい岩山が見えてくる。その名もキャッスル・マウンテン２７２８米《メートル》だ。紺碧《こんぺき》の空に映えて美しい。

カナディアンロッキーに4千米《メートル》峰はない。ブリティッシュ・コロンビア州のマウント・ロブソン州立公園にあるカナディアンロッキー最高峰のマウント・ロブソンは３９５３米《メートル》だ。しかし標高が低いとはいえ、カナディアンロッキーの主要な山岳は、その大部分が険しい岩山であったり、また氷河を抱いていたりして、ロッククライミングやアイスクライミングの世界となっている。

国道を西に向かって走りヨーホー国立公園に入る。ハイキングコースとしては定評のある、クラシックルートの「アイスライン」が今日の目的地だ。車を降りたところで、いきなり絶景が飛び込んできた。なんという豪快な滝なんだろう。その名はタカカウ滝とのこと。上部に展開する広大なワプティック大氷原と、そこから流下するダリー氷河の水を集めて一気に落下するその滝の高さは３８０米《メートル》、世界有数の落差を持つという大瀑布《ばくふ》だ。水量も莫大《ばくだい》で、落ち口に数百米《メートル》という辺りまでぼくらは接近したが、爆風に乗ってしぶきが飛んできた。

　その滝の対岸になるアイスライン・トレイルをぼくらは登っていった。往復距離は6・4キロだけど、標高差は550メートルあり、初めのうちはかなりの急登だった。ぼくらはエメラルド氷河の末端に登り着き、大休みをとってランチタイムにした。どちらを向いても、遠くを見ても氷河氷河。氷河を眺め氷河に囲まれ、氷河にも触れるという、まさにこのコースはアイスラインなのだ。ぼくらは冷たい氷河の融水を、その流れに口をつけてゴクゴクと飲み喉を潤した。

○フェアビューマウンテン（2744m）登頂　7月23日

　いよいよ滞在最終日となった。今日のプランは最初から決めていた登山だ。標高差千メートル超となる「フェアビューマウンテン」だ。カナディアンロッキー有数の観光ポイントで、世界中からの観光客を引きつけるレイク・ルイーズ。神秘的なブルーの湖水と、その奥に迫る白いびょうぶを立てかけたようなビクトリア氷河は、そこにたたずむ者から言葉を奪い圧倒する。そしてその湖畔が登山口なのだ。こんなぜいたくがあっていいものだろうかと思った。

　湖の左手を南の方向へ緩く登りながら、まずサドル・マウンテンとの鞍部《あんぶ》サドルバックに着く。そこから北の方向へUターンするように進み、登っていく。樹林はカラマツが多くなってきた。カラマツのあの緑の葉にぼくは今まで触れたことがなかった。先がとがっていて松の葉のように痛いかもしれないと思ってそーっと触ってみた。なんとゴムのように柔らかだったのには驚いた。カラマツへの認識を新たにした。

　山頂への急斜面にはもう樹木はなく、かなりザレていて、下りは気をつけないと、と思うような所だった。歩行距離にして登り約5キロ、ようやく標高2744メートルの山頂へ到達した。北面の切れ落ちた岩壁はるか下にはレイク・ルイーズが小さく見える。南西にはマウント・ビクトリア（3459メートル）がビクトリア氷河を抱いて立ちはだかり、圧倒的なパワーを感じさせる。

　参加者全員が登頂でき、今度の山旅の有終感が胸いっぱいに広がっていく。

　この日ぼくらは、登りの途中でライチョウを見た。日本で出会うときと同じようで、やはり全く人を警戒する様子がなく、ぼくらの登る登山道を、まるで道案内でもするように、しばらく先になって歩いていった。

　正味はたったの5日間。広大なカナディアンロッキーのほんの一端を、ちらちらっとのぞき見してきたに過ぎないのだけれど、やはり来て良かった、来なければならない所だったとつくづく思った。国立公園内は最大限に自然がそのままに守られていて、エリアに一歩入れば人工物、観光客やトレッカーに便宜を図るような施設などは皆無に近い。野

フェアビューマウンテン登頂

生動物から自分の身を守ることなどでも、それは全く自己責任という世界だった。

ガイドは「5日間歩いた5コースの一つ一つは、観光やハイキングツアーで来る人たちの、最後のハイライト、クライマックスにする所ばかりだったんですよ」と言っていた。「事前にいろいろご希望を聞いていましたからね」と言って笑った。


（みのハイキングクラブ「会報」12号）

▲大姑娘山（5025メートル）
高山植物の宝庫四姑娘山の山旅

2007年7月　浅子

○「今年の山」は中国の四姑娘山

去年のお正月、私は年頭に当たっての「今年の山」について、こんなことを考えていました。台湾五岳のうちで南湖大山《なんこたいざん》と雪山《せつざん》の2岳に私は登っているけれど、最高峰の玉山《ぎょくさん》にはまだ登れていない。「高い山にはもう登るな」と夫が戒めているのだけれど、3952メートルの玉山ならマレーシアのキナバル山より低く、ポピュラーな山だから高所登山には入るまい。それに入山許可も取れそうだとの旅行社からの情報も来ているので、よし、今年の目標はこれにしようかと半ば決めかけていたのでした。

ところが他の方から、「どうせ中国の山なら四姑娘山《スーグーニャン》の方へ行かない？」というお誘いがあったのです。う～ん、あそこも魅力的らしいなぁ。4千メートル峰も5千メートル峰も五十歩百歩かと気持ちが揺らぎ始め、よーっし、じゃあそれにするか、というわけであっさりと四姑娘山にくら替えをすることにしてしまったのでした。

しかし何といっても5千メートル超の山。甘く考えていてはいかんぞというわけで、事前に富士山へも2度登りをするなどして、体力強化と高所順応を図った上で出掛けることにいたしました。その効力もあったのか、現地での結果は、運良く参加者全員が登頂できるということになり、フラワーハイキングとともに、私にとって忘れられない、思い出深い山旅の一つとなったのでした。

○成都入り

その全日程は10日間でした。２００７年7月9日の午後2時ごろ名古屋空港を5人で出発し、途中上海で国内線の飛行機に乗り換え、もうその日の午後8時半ごろには四川省の省都である成都に到着しました。成都は人口1千万人を超す大都市です。成都双流国際空港では現地ガイドの1人ソー・イッタンさん（女性）が出迎えてくださった。そこに来る前の乗り換え地だった上海では、関空からの組、成田からの組、それに旅行社からの添乗員稲村さん（女性）らと合流したのでした。総勢は13人となり、この日は成都に泊まりました。

○フラワーウオッチングを楽しむ

翌日の10日は専用車のバスで臥龍を経由し、四姑娘山自然保護区の麓にある小さな街日隆鎮へ向かいました。走行距離はおよそ２５０キロ。10時間を超える長旅とはなりましたが、途中のジャジン峠（標高約4千メートル）では最初のフラワーウオッチングが楽しめました。黄色のポピーをはじめアヤメ、シオガマ、フウロウ、キンバイ、サクラソウ、ツリガネ、プリムラなどが咲き乱れていて、乗車の疲れを癒やしてくれました。

次の11日は、昨日到着した日隆に滞在、氷河侵食によってできたという渓谷双橋溝へ入りました。富士山頂と同じくらいの標高まで、時間をかけ花を楽しみながら高度順応する日だったのです。そこは両側に急峻《きゅうしゅん》な岩峰がそびえ立つ大峡谷で、花もエンレイソウやキンポウゲ、クサジンチョウゲ、オトギリソウなどなど大変豊富、楽しく語り合いながら歩け、お土産店での買い物も結構面白くて楽しいものでした。

○ベースキャンプへ

12日、いよいよベースキャンプ（ＢＣ）へ上がる日になりました。日隆の宿金昆賓館を朝８時に出たのですが、もう最初から歩きで、身の回り品だけを持ち、あとの荷物は馬が運んでくれます。ルートの渓谷海子溝というのは四姑娘山主峰の南東側に広がる草地の多い谷間で、上部へ行くと海子と呼ばれる湖がたくさんあり、湖面には周囲の山々がきれいに映し出されるといった所だそうです。

やがて到着した鍋庄平という所は足の踏み場もないほど花・はな・ハナで埋め尽くされている感じの場所でした。大草原のそこかしこには仏塔がいくつもあり、格好のビューポイントになっていました。この渓谷は南側が大草原、北側は大樹林帯となっているのです。谷を一つ隔てて植生がこんなにも極端に違うのには驚かされました。

この日、コースの途中で山岳ガイドのダワさんが私たち一行を出迎えてくださいました。この人は、あの三浦雄一郎氏のエベレスト登頂をガイドされた方だということを後でお聞きしました。午後４時ごろに登り着いたＢＣの老牛園子は広々とした所で、黄色いテントが数十張りという感じで林立していました。今夜からの４日間は全てテント泊となります。

13日、今日は１日ＢＣに滞在の日で、周辺のさまざまな高山植物を楽しみながら大海子（湖）方面へハイキングをしました。明日登る前進キャンプが４３００《メートル》なので、４千《メートル》ラインへの高所順応をもちろん課題にしているのでした。湖を見下ろしながら昼食にしようとしたらいきなり大粒の雨にたたかれ、かっぱを着る羽目になってしまいました。天気は毎日コロコロ変わるなぁといった感じの日々が続いています。

○前進キャンプに向かう

14日、ここのＢＣから、今日の目的地である前進キャンプまでの標高差は７００《メートル》。なかなかの登りではあるのですけれど、体を徐々に高度へなじませていく必要があるために、ゆっくりゆっくり、スローペースの歩きです。でもじれったいとか、いらいらするなどということは決してありません。それは、足元に驚くほどの花々が咲き乱れていて、目を奪われるからです。新しい花、珍しい花が次々と出てくるので歩を進めるのが楽しみになってきます。

谷筋に出ると、高山植物の中でも希少といわれる幻の花ブルーポピーの鮮やかな青がここにも、あそこにも「ほれほれ」といった感じで咲いており、他にも赤いポピー、黄色いポピー、ウスユキソウ、クレマチス、アズマギク、シオガマギク、チベットアツモリソウ、ヒエンソウ、ツツジ、カラマツソウ、エーデルワイスなどなどが、所狭しと咲き誇っているのです。花々を目で追い、目を奪われているうちにもう、すぐ目の前に前進キャンプが見えてきました。「何、もう着いたの？」という感じでした。

夕方少し散策していたら、放し飼いにしてある大きなヤクが数頭現れました。「夜中大丈夫かなぁ」

と、少々心配になってきました。

○大姑娘山登頂

15日、さあ今日はいよいよ目的の山、大姑娘山へ登る日です。「大丈夫かなぁ、うまく登れるかなぁ……」。

朝はまだ暗いうち、午前4時に起床。温かいおかゆを少しいただき、ヘッドランプをつけての出発です。昨日までの花の道とは違い、岩のゴロゴロした所を登ります。先頭は山岳ガイドのダワさん。参加者みんなの体力や体調、順応の程度を全て飲み込んでおられるのか、実にゆっくりゆっくりと歩を進めてくださるので、寒いけれどそんなに苦しくはない。でもさすがに標高5千メートルに近付くころになると青ざめた顔の人や、両脇を支えてもらってやっと登る人などが出てきました。そしてとうとう5025メートルの山頂へ、登頂組に参加した人全員が頂上に立てました。「ヤッター!!」。

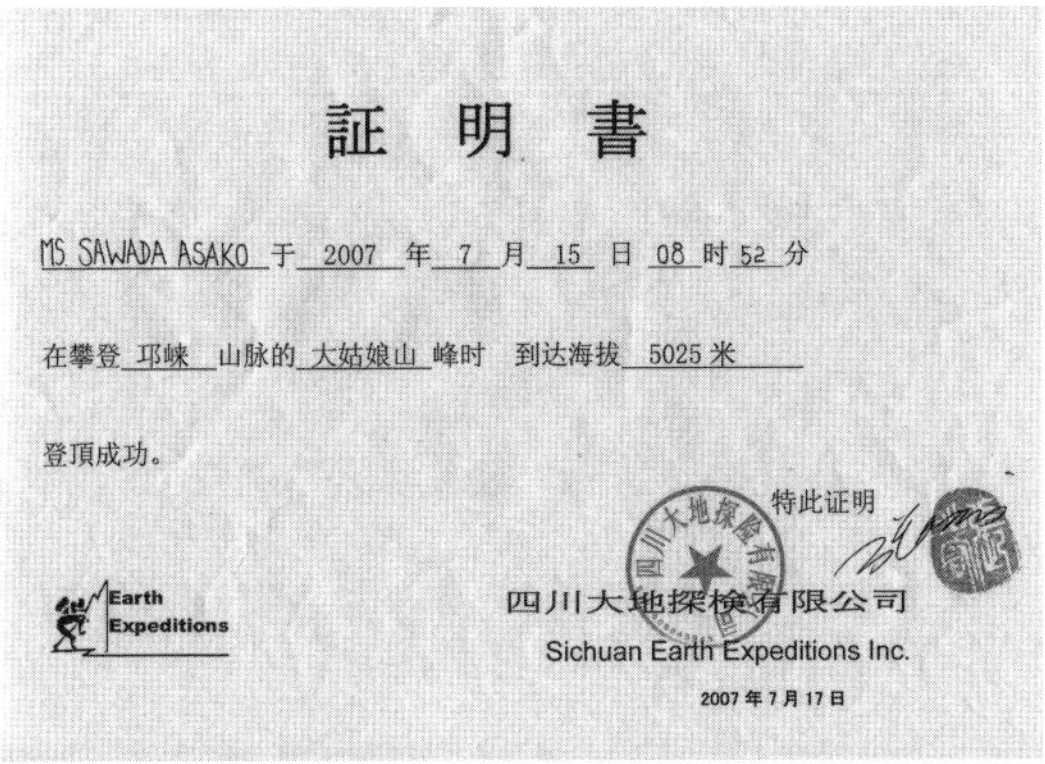

証明書
MS SAWADA ASAKO 于 2007 年 7 月 15 日 08 时 52 分
在攀登 邛崃 山脉的 大姑娘山 峰时 到达海拔 5025 米
登顶成功。
特此证明
Earth Expeditions
四川大地探検有限公司
Sichuan Earth Expeditions Inc.
2007年7月17日

大姑娘山登頂証明書

登って来る途中、夜が白々と明け初めたころには、主峰の四姑娘山（6250メートル）、三姑娘山（5664メートル）、岩稜の山二姑娘山（5454メートル）も見えて大感激でしたが、四姉妹峰のうちの一番姉娘になる大姑娘山の頂上に着いたときにはもう辺り一面がガスに包まれ、足元の岩稜だけが見下ろせる状態になりました。下界では真夏なのに、さすがに5千メートル峰の頂上は寒くて仕方がありません。全員の記念写真を撮ると急いで下山にかかりました。前進キャンプまで下ったところでようやく、ゆっくりと昼食をいただき、その後さらにBCまで下って行きました。

○登頂を祝いパーティー

BCのテントで一息ついていると雨が降り始め、やがてそれは土砂降りとなってきました。良いタイミングで登れ、そして下って来られたなぁとつくづく思いました。その夜は食堂テントにみんなが集まり、登頂祝いとなりました。初めにツアーガイドの稲村さんがあいさつをされた後、現地ガイドやスタッフの方たちの歌や踊りがあり、今度は日本人客側の番となりました。そこで参加者が交互に出て歌や踊りを披露したのですが、私たち名古屋組も「炭坑節」や「千の風になって」、郡上踊りの「かわさき」などを歌ったり踊ったりしました。

現地の人たちは毎日のように祝福パーティーをやっておられるのでしょう、とてもうまく盛り上げ、現地の風情も織り込んで私たちを祝ってくださいました。大変和やかで牧歌的、印象に残るひとときを過ごすことができました。

○馬上の人となる

16日、BCから日隆の宿へ下る日で、メンバーは希望により徒歩組と乗馬組に分かれることになりました。私はもちろん馬に乗ったことなどないのですが、興味が沸き、初体験で乗ってみることにしました。心配しつつ、初めはこわごわでしたが、10分もすると馬の体温が感じられ、馬と一体になれました。馬は泥道でもあの細い足で実にうまく歩くので感心してしまいました。泥の中に石があったりすると、決してその石の上には乗らないなど、馬に感謝したくなるほどの気持ちにすらなりました。草が生えていたりすると、歩を少し緩めてその草を食んだりして愛らしく、実にのんびりとした楽しい経験をさせていただきました。

○パンダ生息地

17日、成都へは、往路とは違いパオランシャン峠へと回りました。この峠は広々とした草原で、ヤクも放牧されており、多種多様な花が咲き誇っていて、実に雄大な絶景です。峠をしばらく下ると〝パンダの生国〟の碑がありました。臥龍や四姑娘山を含む面積9245平方㌔という広大な地域が、野生のジャイアントパンダの生息地として2006年7月に世界遺産として登録された、とお聞きしました。私たちもジャイアントパンダ保護センターに入り、ほんの10数分間だけのことでしたがパンダを見ることができました。自然の中で、野生に近い状態で保護されているさまを間近に見て、さすが広大な国土の中国ならではのことと感じ入った次第でした。

18日、成都から上海を経由してそれぞれ関空、成田、そして私たちは名古屋へと帰国の途につきました。

大姑娘山から下山途中、馬上の浅子

（みのハイキングクラブ「会報」13号）

スパンティーク（7027m）
真白き天空の頂をめざして

2007年8月　善太郎

○カラコルム山脈

11人の隊員全員が一つのジャンボテントに寝ることになっていました。奥の方に6人、手前の方に5人。私は手前の方、入って一番左の所にすでに自分のシュラフを広げておきました。テント泊第1夜のここはバシャー川最奥の村アランドゥの入口辺りになり、広々とした河原でした。テントはいくら大型だといっても限りがあり、みんながシュラフに入るとぎゅう詰めとなって肩や足がつかえるくらいでした。私はシュラフのファスナーを締めると目をつぶりました。

ハイキングレベルではあるけれど、山を愛し登り続けてはや半世紀。とても実現しそうにはないがとは思いつつも、夢に描き、胸の奥で温め続けてきた6千《メートル》峰、7千《メートル》峰。ヒマラヤかそれともカラコルムか……。ところが、いよいよ明日からそのカラコルムでの登山活動第一歩、キャラバンが始まるのだ、そう思うといささか興奮気味となり、なかなか寝付かれませんでした。

考えてみると、日本を出てから今日までにもう1週間がたっていました。そして……。

○「労山」始まって以来の高齢パーティー

2007年8月31日、私たちは予定通り無事帰国いたしました。その登山活動の大要をかいつまんでご報告させていただきます。

まずこの登山隊のメンバーの特徴ですが、日本勤労者山岳連盟始まって以来の高齢者パーティーとなりました。私の73歳を最高齢として、最年少者が紅一点の57歳、全11人の平均年齢は64歳というものでした。

○カラコルムへの困難な道のり

カラコルムの山々は、ネパール・ヒマラヤ辺りの山と大きく違い、その山の麓へたどり着くまでが大変な道のりとなります。この山の場合でも、首都のイスラマバードから登山基地の街スカルドゥへ移動するのに、4輪駆動車で丸2日間、インダス川沿いのV字渓谷を削って開かれたカラコルム・ハイウエー（KKH）という名の悪路、隘路《あいろ》を走り続けました。スカルドゥからは、また1日かけてさらに悪い、道というより河原やガレ場の、狭くて恐ろしげなコースを最奥の村アランドゥへ。ここで最初のテント泊。翌日からはもう道がないためテントで3泊4日をかけチョゴルンマ氷河をさかのぼりました。氷河歩きはクレバスが至る所に口を開けていて危険極まりなく、落ちかけて足を捻挫した人もいました。

○ベースキャンプ到着

7月30日にようやくたどり着いたベースキャンプ（BC）はチョゴルンマ氷河とバズィン氷河との合流点で、岩壁の末端、崖の上に設置されました。隊のテント数は大小で10張り。標高は4300メートル地点となりました。氷河歩きの4日間のキャラバンは、75人のポーター（1人25キロの荷上げ人足）を含めスタッフと隊員で総勢94人という長蛇の列になりました。スタッフ、ハイポーター、隊員のテントや生活物資一切合切、共同装備、個人装備、食料などを人力で担ぎ上げることになるわけです。

ＢＣからは、時々休養日を入れながら高所への順応をはかっていきました。上部キャンプはキャンプ３（Ｃ３）まで設置、Ｃ３からは頂上アタックという態勢になりました。隊員中の１人が初期の行動でアキレス腱《けん》を傷め、隊行動からリタイアすることになったため、隊員10人が上部へ向かうことになりました。

○アタック開始

８月14日、副隊長を先頭に第１次隊５人とハイポーター２人がＢＣを先発しＣ１（５０５０メートル）泊、Ｃ２（５６５０メートル）泊、Ｃ３（６２００メートル）泊と重ね、17日午前０時起床、午前２時35分出発でアタックを開始しました。

隊長や私を含む５人の第２次隊は、１次隊とは別のハイポーター２人とともに１日ずらした８月15日にＢＣを出発しました。

17日早朝にアタックを開始した１次隊は、寒気と積雪、それに睡眠不足にも悩まされながら、少し高度を上げてから広大な第１雪田、第２雪田へと前進していきました。昨日午後、Ｃ３予定地点に到達した１次隊は、それまでの順応行動で荷揚げしデポ（留保）されていたテントの設営や水作り、夕食などで就寝は午後８時ごろになっていました。高所であるため、ぐっすり眠るどころかウトウトするうちに午前０時の起床時間が来てしまいました。１次隊の先頭を行くハイポーターの足取りがやがて重くなり始めました。第２雪田を過ぎて傾斜がきつくなり始めて間もなく、ハイポーターは「ここからの上部はなだれやブロック崩壊の危険性もあり、自分たちとしてはここまでの登高しかできない……」と言い行動をストップしました。

○1次隊断念

カラコルムのハイポーターは、ネパール・ヒマラヤのクライミングシェルパとは違い、必ずしも頂上まで案内するというのではなく、高所での隊員の装備品荷上げや登攀を手助けする役割が主であるので、その申し出も必ずしも非難すべきものではありませんでした。1次隊のリーダーである副隊長は、隊員の体力、疲れ具合を見て決断を下しました。

「残念だけれど、登高はここまでにして下ることにしよう。C3へは今日、2次隊が上がってくるので、われわれ1次隊は今日中にC2まで下らなければならないし……」。

1次隊の中にはまだ余力のある人もいましたが、疲労困憊《こんぱい》状態の人もあり、なかには夢遊病者のようにふらついている人もいました。標高はまだ6500ｍ《メートル》前後でしかありませんでした。

1次隊と2次隊とはもちろん状況を無線でやりとりしてはいました。下ってくる1次隊とC2から登っていく2次隊とは岩場のところで交差しました。2次隊にいる隊長が「1次隊員の中で、明日もう1度2次隊に加わって再アタックしたいという希望者があれば遠慮なく申し出てください」と言いました。O氏、M氏の2人が手を挙げました。そこで2次隊はその2人を加え2人のハイポーターとともに総勢9人となってC3へ向け登高していきました。

○高山病で脱落者

翌18日は隊長の判断でC3での休養日となりました。みんな朝まで寝られ満足そうでした。なかには「朝飯はいらん」と言って寝たままの人たちもいました。さらに昼食時になってもまだ横になったままで起きて来ない人が1人いました。

遅い時間の昼食が終わって一休みしたところで、ふと隊長は思うところがあったらしく、その横になったままの人がいるもう一つのテントへ様子を見に行きました。しばらくしてこちらのテント（C3のテントは全部で二つ）へ戻ってくると「これはちょっと大変です。これほど高山病が悪くなっているとは思わなかった。すぐに下へ降ろす必要がある。このまま明日の朝になったら、どういうことになるか分からない……」。

と言い、立つとふらつくほどのそのA氏を励まし、みんなで身支度を手伝い、隊長と2人のハイポーターが介助して、フィックスロープが連続する急峻な雪と氷の斜面を、今日のうちにまずはC2まで降ろすということになりました。それで、あとC3に残るのは隊員5人のみ。下る前に隊長は残る隊員に次のような指示を残していきました。

「あすは5人の隊員だけでアタックしてもらいたい。リーダーはMさんがやってください。体力のある人はどんどん登り、1人が山頂に着いたら、1時間だけそこで後続者を待つように。1時間たったら下山を開始し、まだ登高途中の人もその人たちと一緒に下山するように。明日の晩はみんなC3に泊まり、翌朝は早く起きてC3を撤収し、一気にBCまで頑張って下りきってください。C2はその時点ではもう撤収されていていてなくなっています」

時間はすでに午後3時を回っていました。救急隊は明るさの残っているうちにC2まで無事にたどり着くことができるのだろうか。

○残るは5人のみ

8月19日。いよいよ私たち隊員5人だけでのアタックの日がやってきました。午前0時には起きられたものの、何かと手間取り、出発はやはり午前2時の目標を少し回っていました。まだ真っ暗だけど、上を見ると満天に星が輝いて見えます。天気は良さそうだ。だがなんということの寒さだろう。私の手はシルクのインナー、その上に厚手良質のウールの手袋。さらにオーバーグローブをした上に羽毛のオーバーミトンまでつけているというのにまだまだ冷たくてしようがない。指先がちぎれそうだ。私は指先が弱いのです。明け方はマイナス20度をさらに下回る気温と思われました。

M氏、O氏が先行して行きました。そのあと私、FJ氏、FR氏と3人が歩調を合わせつつ登っていきました。C3からはハイポーターもいないので、どんなに氷の急斜面でもフィックスロープは取り付けられず、各自が自分の体力と技術、判断力による自己責任で登っていくことになりました。

1次隊のUターン地点を過ぎ、上部の覆いかぶさるような氷塊の1部が崩壊し、落ち残った氷塊がまだ雪の斜面に引っかかっている下を2カ所通過しました。氷塊は家ほどもある大きさで、全く冷や冷やものでした。やがて、斜面が急なため新雪が風で飛ばされ氷がむき出しとなっているところを登る箇所に来ました。ロープも何も助けになるものはないので、ピッケルとアイゼンの慎重な操作だけで登りきりました。急斜面の登高はどこまでも続き、平らな所など全く出てきません。

○Mさん登頂に成功か

しばらくすると後ろにいたFRさんが「あっ、Mさんの姿が見えた……」と叫びました。

見上げると確かにM氏で、上方、距離にして１５０メートルほどの岩壁の所を下ってくる姿が確認できました。そうか、M氏はもう登頂し、１時間待機した後、あそこまで下ってきたのか、ぼくらの登高もここまでかと思い、岩壁下のその雪の急斜面の途中で行動をやめました。そしてやがてM氏が私たちの所まで下りてきました。時に午前9時48分を時計は示していました。私とＦＪ氏とは「もう少しだけ頑張ってきりのいい高度まで登っておこう」と岩壁の下部、標高６８００メートルの地点まで上がってから下降に移りました。

下山をしながら聞いてみますと、登頂できたのはＯさんのほうで、２次隊の今の隊員５人中一番若く体力もある人でした。登頂時間は午前9時16分。「頂上はあまりにも寒かったので、到着後写真だけ撮ってすぐに引き返した！」とのことでした。それでＯ氏の後を追っていたM氏も登頂を断念し、５人パーティーのリーダーであるため「全員の安全帰幕」こそ自らの至上の使命と考え、Ｏ氏に先立って下ってきたというわけでした。

かくして私たちの隊は、登頂者を１人生み出して隊としては登山を成功させ、全員誰１人として指１本失うことなく、19日夕刻にはＢＣに勢ぞろいすることができました。私たちの後から入山してきた国際隊の中の１人でイタリア人の青年は、足指の凍傷でよろよろとつえをつくようにしてみんなに支えられながら下りて来るや、ＢＣから１００メートルほど下った氷河上のヘリポートよりヘリで病院のある街まで運ばれて行ったのでした。

○登頂かなわずとも素晴らしい経験

大自然の中での登山活動は、気象条件や時間などをも含めた山岳自体の側の問題である客観的諸条件と、登山者やパーティー自身の側の問題である、体力や意志、高所順応、チームワークなどといった主体的諸条件の総合によって経過や結果が出てくるものだろうと私は思っています。今回の登山で私自身の登頂はかないませんでしたし、残念という気持ちはもちろん強くあります。しかし私は今、実に多くの人々、隊長や副隊長をはじめハイポーターさんやスタッフら限りない方々に支えられての登山活動全体を、感謝の気持ちで受け入れようとしています。

自分が登頂できなければゼロだとは思いません。あのアタック日の登高は実に素晴らしかった。楽しかった。私の登山人生、その半生の中で特別に光り輝いています。あの経験は私の宝です。登頂はならなかった、残念だったという部分は、あの登山活動全体の中の一部分に過ぎません。

さあこの冬も、私はピッケルとバイルを携え、氷瀑《ひょうばく》登りに出かけることにしよう。

（みのハイキングクラブ「会報」13号・年金者組合関支部「やっとかめ通信」216号）

▲フラットトップマウンテン（1065m）

アラスカへの旅

2008年6月　善太郎

○アンカレッジで軽登山

私は山歩きの好きな1人のハイカーとしても、厳冬のデナリ（マッキンリー）に消えた植村直己には人一倍の強い思い入れがありますが、もう1人の人物の存在も、私にアラスカを強く引きつけました。それは、アラスカに移り住み、大自然の原野に命を燃やし尽くした写真家、星野道夫でした。

今度の、私たち山仲間10人のアラスカへの旅は、10日間という限られたものではありましたが、日本人でアラスカに住んでおられるガイドさんに、日本の旅行社から連絡を取り契約してもらって、現地へは自分たち10人だけで出発しました。

そして、まずはアンカレッジで軽登山を、というわけで、標高１０６５メートルのフラットトップマウンテンに登った後、１日に１往復しか走らないというアラスカ鉄道に乗って、デナリ国立公園入口の駅に到着しました。その翌日にはシャトルバスに乗って、６時間以上もかけ、公園最奥の地で、かつてはゴールドラッシュに沸いたというカンティシュナに入りました。

その道中では、たくさんの野生動物に出会い、運転手さんはそのたびにバスをそーっと止めてくれるのです。運転手さんはガイドでもあり、走行中もマイクで公園についての解説をいろいろ話してくれます。動物ではグリズリーやムースをはじめ、カリブー、ドールシープ。

沿道の湖沼ではビーバーを、また別の場所ではハクトウワシやシマフクロウを遠望し、オオカミの足跡も発見できました。カンティシュナでは2泊でき、永久凍土の上のツンドラやタイガの森のハイキングもできました。アラスカでは、曇りや雨の日も結構多く、晴れてデナリが見られたらそれは幸運なことだというものらしい。私たちはそのデナリを後半の２日間堪能す

帰路デナリをバックに

ることになりました。

○北米大陸最高峰デナリ（6190ｍ）

6日目、カンティシュナから公園入り口へ向かうとき、まずそのまぶしくて神々しい姿は現れ始めました。バスはビューポイントで何度も何度も停止し、私たちはそのたびにカメラを向けた。「よし、この好天は明日も続くとは限らない。デナリ展望フライトの予定は明日だが、今日決行しよう！」となった。

公園入り口にある小さな飛行場からセスナ機に分乗して1時間たっぷり、純白のデナリへ、その懐深く入り込み、しばし恍惚《こうこつ》のひとときに浸りきった。

翌7日目は、公園を去り、バスでタルキートナに向かったが、この日も前日に勝る快晴の日で、行程の後半からは、なんとなんと、デナリが大きく遠望でき、その山姿も刻々と変化し、万感迫るものがありました。

アラスカは派手な観光地ではありませんでした。それは太古からあるがままの大自然そのもの、原野そのものでした。そして短い夏を精一杯生きている草花や動物たち。

私たちは、そっとそっと、ほんのひとときだけ、そこをのぞかせてもらってきたわけでした。

（チックトラベルセンター「通信」）

▲玉山（3952m）
台湾の最高峰に登る

2010年5月　善太郎

○玉山について

玉山は台湾中部にあり、日本の富士山のような独立峰ではなく、玉山山脈の主峰です。富士山よりまだ１７６メートルも高く、冬期にはもちろん降雪、積雪があります。日本統治時代に、明治天皇が、富士山よりも高い「新しい日本最高峰」という意味で新高山《にいたかやま》と名付けた……といわれています。

台湾は、南北３８０キロ、東西１４０キロの島で、面積は九州くらいです。島の中央部で北回帰線をまたぐ位置にあり、北が亜熱帯、南が熱帯に属するそうです。

島の中央からやや東寄りに、いくつかの山脈が縦走していて、３千メートル級の高峰が連なっています。その最高峰が玉山です。

周辺の一帯は玉山国家公園に指定されていて、入山するには登山ガイドの同行が必要ですが、私たちの隊は、中華民国観光ガイド協会名誉理事長の陳学而先生に、登山と行程、下山後の観光部分にまで同行、詳しくガイドしていただきました。

○遠征隊

みのハイキングクラブの遠征は5月11日より15日までの5日間で、登頂日は5月13日を目指しました。

隊員総数は８人（男性５人、女性３人）。最高齢者は76歳６カ月と18日の女性。最若年者（女性）は62歳９カ月と20日。平均年齢は71歳と３カ月超になりました。お世話になった陳学而先生は、「間違いなくこの登頂された高齢女性は、歴代の玉山登頂者の中での最高齢記録者でしょう」と、言われました。

登頂に際し、１人の方（男性）が体調不良（風邪気味）のため、慎重を期して途中の山小屋（拝雲山荘）にて待機、７人が万全を期して山頂を目指し出発しました。

○感激の登頂

登山日の初日12日は、山麓にあるロッジの「上東埔山荘」を午前７時ごろ出発して約７時間半かけて登り、午後２時半ごろには標高３４２０メートルにある寝袋持参の自炊小屋「拝雲山荘」に到着しました。当夜は一応横にはなりましたが、翌13日は早朝というよりまだ夜中の２時に起き、身支度もそこそこにお茶とおやつくらいだけ持って２時半ごろ出発しました。

もちろん真っ暗なのでヘッドランプを付けての登高です。上部となるにしたがって急峻な岩場やガレ場となっていきます。山頂部に近づくと気温は０度くらいとなり風も強く、かなり緊張しました。山頂到着は午前５時ごろでした。大勢の登山者でとてもにぎやか、他の登山者との交代で記念写真を撮らせてもらいました。ちょうどご来光のころでしたが、その方向にはガスがかかり、あまり鮮明ではありませんでした。

風を避けておよそ15～20分ほど休んでから下山にかかりました。拝雲山荘まで下ってからはゆっくり朝食を取り、荷物をまとめ、それまで小屋で待機しておられたＮＭ氏とともに出発、約５時間後の午後2時ごろに山麓のロッジへ無事帰着しました。

玉山は、長い間私たちの念願の山でしたし、いつの間にかずいぶん歳を重ねてきてしまっていたので、「大丈夫かな?」「頑張れるかな?」などと、〝高齢登山者の突然死〟など多少の心配もしながらの出発でした。それに、台湾は雨期に入っていましたので、もちろん雨具持参の登山でした。

ところが真っ暗な山道を登っていると、上空には星が出ているではありませんか。そして明るくなってくると、上空から西側にかけては青空となっているではありませんか。東側の太陽こそガスでぼんやりしているものの、雨どころか、期待していなかった好天での登頂に思わず熱いものがこみ上げてきました。

みんなで力を合わせ、思いやりながら頑張ってきた結果での感激の登頂に、至福の喜びが体中を駆け巡りました。

玉山頂上にて（中央が浅子）

○玉山の登山事情

玉山へ登りたい人は誰でも登れるのか……というと、そんなわけではありませんでした。自然保護や山小屋の収容能力の関係などから、いろいろと制約がありました。まず1日の入山許可人数は82人以内。そのうち外国人登山者は24人以内で、しかも1週間のうち月・火・水・木の4日間のみ。これを入山日の90日以前に許可申請を出し、許可が下りたら初めて入山できる。申請人数が多ければ抽選となり、外れればもちろん許可証はもらえない。入山当日は、許可証を登山口の警察署に提示し、一人一人パスポートを出して氏名の確認を受ける……という厳格なものでした。私たちの登山隊は、半年以上前から検討を始め、対策を講じてきていました。

○下山後は台湾観光

全日程5日間という短時日なのに、最初の3日間で幸運にも山が終わり、後半の14と15の2日間は観光できることになった。14日は、台湾八景に数えられる湖の「日月潭」の散策から始まり、孔子や関羽などが祭ってある「文武廟」の参拝、昼食は「金都餐庁」で紹興酒を飲みながらゆったりとおいしくいただいた。

最後の晩餐《ばんさん》は、台北市内の「東楽」というレストランで石鍋料理をごちそうになった。その後は「六福客桟」という大きなホテルでの宿泊だった。

いよいよ最後の日、15日になった。午前中いっぱいはあの有名な「故宮博物院」をゆったりと見学した。なにしろ展示室が30くらいあって、6千点もの収蔵品がある。イヤホン付きのレシーバーを各自受け取り、陳先生の説明を聞きながら院内を回った。陳先生が、各展示室の総括と個々の説明を効率よくやってくださったので、よく理解できた。

昼食は「安康華大飯店」というホテルのレストランで飲茶《やむちゃ》料理をごちそうになった。ここでもたくさんの料理が出され、満腹になってしまった。

最後に「金龍」という大きな土産物店に立ち寄り、それぞれ土産物を持って台北空港まで送っていただいた。空港ではチェックインと両替を行い、5日間私たちと行動を共にしてくださった陳先生とは出国ゲートの前でお別れした。

台湾でのそれぞれの思いを胸に、17時10分、J822便は台北空港を離陸し、中部空港に向かった。

▲チュルー南東峰（6429m）
最東峰（6038m）
齢七十六でヒマラヤの高山に

2010年11月　善太郎

○夢が現実に

1年中雪と氷に覆われた「世界の屋根ヒマラヤ」。

軽登山程度のレベルではあるけれど、山歩きをするようになってから、はや半世紀が過ぎた。いつの日からだろうか、「いつの日にかそのヒマラヤを一度見てみたい、その山に触れてみたいものだ……」と、これまでどんなに見果てぬ夢を見続けてきたことだろう。2005年にはエベレスト街道トレッキングを敢行しカラパタールまでは登った。そして目の前に迫る世界最高峰の威容に大感激した。それから5年、いよいよ夢をかなえる時が来た。

○ハイキャンプにて

2010年11月3日朝6時。標高5600メートルのコルに建設されたハイキャンプ（HC）のテントが、強風でバタバタする音で目覚める。薄明かりになってきた外をのぞくと雪が少し混ざっていた。シュラフやマットなどを素早く畳んだり身の回りの物を片付けたりし、隣のテントへ行く。ぼくらのテントは隊長のＫさんとテッちゃん、ぼくの３人だ。隣のシェルパテントにはサーダー（シェルパ頭）のマンちゃんが１人いて、ビーバスさんとサンタさんは夜中にベースキャンプ（ＢＣ）を出て先ほどＨＣに着き、もうお湯を沸かして待っていてくれた。

ＢＣから上の高所食は隊で準備し作業する。隊長が指揮される。今朝は手間がかからず万人向きでおいしいカレーうどんだ。水分もしっかり取り、自分たちのテントへ戻ると大急ぎで身支度に取りかかる。重装備となるためなかなか手間取る。ザックに付けてある小型の温度計を見る余裕もなかったが、風があるため体感温度はマイナス20度くらいかな、と感じた。

○いざ最東峰へ

出発は朝８時を５分ほど過ぎていた。最東峰の山頂を目指して、標高差４４０メートルほどの登りが始まった。隊長はこのコルへ６年前の厳冬期、１月にも来ておられるが、その時より雪の量が多いなぁとのことだった。しかし登りだすと急傾斜のため雪が積もらず滑り落ちてしまうため、氷の斜面に少し雪が乗っているという感じになった。

風はやがて収まってきた。天気はいい、ありがたい。すぐにフィックスロープが出てきた。このフィックスは数日前に他の隊が設置したもので、シェルパ同士が知り合いだったため、その隊に回収しないでおいてもらい、わが隊も使わせてもらった後回収してカトマンズでお返しするということに、うまく話ができていたのだった。これはありがたいことだった。

フィックスを使って登るには、ユマールという登高器を使う。シュリンゲでハーネスの安環カラビナに付け、それをメインロープであるフィックスにセットする。登るときはするするとなんの抵抗もなく滑っていくから登れるが、もし滑落するとそのユマールの中のギザギザがロープに食い込んで体を止めてくれるという便利なものだ。最東峰ではそのフィックスが断続的に取り付けられ、トータル３００メートルにもなった。かなりベタ張りということにもなるが、それだけ急斜面が続く所だということでもある。

○薄い空気に苦しみ

初めはそれでも１歩１歩ゆっくりだが登っていた。しかしそのうちだんだん苦しくなり、１歩登っては３回呼吸、１歩登っては５回呼吸、やがて１歩登っては７、８回の深呼吸となっていった。でもぼくは立ち止まってしまったり、すくみ込んでしまったりすることだけは絶対にするまいと心に決めて頑張り続けた。

最初のうちは全員６人のうちの中ほどにぼくはいたのだけれど、でも隊長やマンちゃんは上部の様子も見る必要があるため先に行くことになり、ぼくの後ろはサンタさん１人だけが見守っていてくれるだけになってしまった。サンタさんはぼくがどんなに登るのが遅くても、しっかりと後ろに付いていてくれた。シェルパチームの役割分担なのだろう。一番先頭には若い張り切りシェルパのビーバスさんがいて、頂上直下のナイフリッジに新たにフィックスを取り付けたりしていた。

それにしてもなんという苦しさだろう。ここらでもう大気中の酸素濃度が平地の半分ぐらいになるらしい。酸素が薄いということは、こんなにも苦しいものなのか、山頂まであとどのくらいなのだろう、この登り方だといったいいつになったら……。しかしここはもう、ぼくには頑張るしかなかった。
でもついに、ぼくはその山頂に達することができた。みんながよく頑張ったね、とにこにこしながら迎えてくれた。ぼくは疲れ切っていたのでへなへなと腰を下ろした。計画では次に登ることになっている南東峰やその奥の東峰が青空にくっきりとそびえていた。しかし時間は切迫していた。これからHCまで下り、引き続いてBCまで今日中に帰着しなければならないのだ。

先頭で登っていたビーバスさんにぼくは聞いた。「最初にここへ登り着いてから、どのくらい時間がたった？ 1時間何十分ぐらい？」と。そしたらビーバスさんは笑いながら言った。「2時間！」と。彼が登り着いたのは午前11時半ごろ。今は午後1時半だ。ぼくは夢中でただただ頑張っていたので、時間の流れの感覚が全くなかった。ショックだった。そしてぼくにはゆっくりと体を休める時間は残されていなかった。

下りは、ぼくの場合多くが懸垂下降になったが、エイト環へのロープの流れが悪く、体もきついため時々止まって呼吸を整えなければならなかった。つまり、もたもたして時間がかかった。HC着午後3時20分ごろ、少し装備を調整したりして3時50分ごろコルを下り始め、天気が良かったおかげで明るさがまだ何とか残っているうちにBCへ帰着でき、まずはヤレヤレ、これで第1戦が終わった。

○とまどい

11月6日朝8時、晴れ。BCを出発してまずコルへ向かう。「よし、今度は南東峰だ、頑張るぞ！」と腹は決めたものの、実は不安でいっぱいだった。6千メートルちょっとの最東峰であの苦しさ。あの体力のなさ。BCへ下りた翌日の4日に、ぼくは隊長テントへ行ってその不安を正直に告白した。ぼくの歩みがあまり極端に遅く、時間がかかることになれば、隊全体、5人の足かせとなり、隊としての登頂の妨げにもなりかねない。南東峰は最東峰に比べ難度も高い。「参加を断念することも視野に入れてのことだけど……」と。

それに対して隊長はおよそ次のような内容の言葉でぼくを励ましてくれた。「ゆっくりではあったけれど、最東峰に登られたことで澤田さんは6千メートルの高度順応を得られました。確かに最東峰に比べると南東峰は大変と思いますが、私は十分登れるだけの資質が澤田さんにはあると見ています。ぜひ頑張ってみてください……」と。どうもぼくは昨日のあの最東峰の苦しさで少し弱気になっていたようだ。6千メートルへの順応がまだうまくできていなかったのであんなに苦しかったのだろう。でも登ったおかげで順応ができたということだ。頑張ってみるか。そうだとも、登るつもりでここまで来たんだ！よしやってやるぞ！と、自分に気合いを入れた。

○ベースキャンプ出発

コルへ上がる直下は下部が急なガレで、最後の50メートルほどは左側が岩場、右側が氷のルンゼとなっている。安全のためアイゼンを利かせユマールで登る。コルには、最東峰登頂時のあのテントはもうない。おととい4日、ぼくが隊長テントでグダグダ言っているころ、3人のシェルパはルート工作に上がってきていて、コルにあった2張りのテントを氷河の対岸へ移動しておいたのだ。

コルのテント跡横には大きなクレバスが口を開けている。深雪のトレースを踏んで氷河を下る。クレバスを巧みに避けながら横断し、さらにまた少し登り返した辺りにC1テントはあった。高度計は5550メートルを指していた。午後2時半ごろの到着だった。振り返って最東峰を見上げると、すごいトンガリだ。コルからまっすぐ天に向かって突き上げている。苦しかったはずだなぁとぼくは納得した。

翌7日はC1をたって北面のガレ場を慎重に登り、雪と氷のルンゼを過ぎ、さらにガリーをユマールで上がって北東稜線に登り着く。そしてさらにその稜線を南西方向に登る。もう6千メートル近いはずなのにこの前ほどの苦しさはない。いくつかのこぶを越えていくが、稜線の北西側はすっぱりと切れ落ちている。ここもフィックスだ。

C2は6100メートル辺りに張られた。ただ、隊員3人用の1張りだけだ。これはテントやロープなどシェルパの担ぎ上げられる重量と作戦からで、午後3時半ごろぼくらがC2に到着すると、シェルパ3人はC1の氷河キャンプまでいったん下っていった。そして翌朝はまだ夜中の3時ごろの出発で、ぼくらがC2から朝6時にアタックを開始するのに間に合うよう、ヘッドランプで上がってきてくれたのだ。これには全く頭が下がった。なんという馬力、なんというサポート精神。とことん隊員の登頂に奉仕しようというものだ。

○南東峰登頂

C2からの出発は、肝心のぼくらが朝食と準備でもたついていたために6時50分ごろとなってしまった。いよいよ今日は、6千メートル峰2座のうちの本命、南東峰アタックの日だ。風もなく快晴なのがうれしい。そこからの登りは稜線がさらにナイフリッジとなる。先行するビーバスさんとサンタさんらも、確保し合いながらフィックスを張っている。われわれの方は、マンちゃんが先頭、その次にぼく、そしてテッちゃんと隊長は前後しながら登ってくる。2人ともぼくらを見守り配慮しながらなのだ。

右斜面は切れ落ちているが、左側だって滑ったら何百メートル、あるいは何千メートル落ちていくものやら底が知れない谷間だ。アイゼンを引っかけないよう少しガニ股で、足は上げ気味にして歩き、登る。フィックスのないところでは隊長がぼくの谷側に寄り添い、万一の滑落に備えてくれた。南東峰での断続的なフィックスは、全長で約７００《メートル》にもなる。ぼくの歩みはゆっくりだけど、最東峰の時ほどの苦しさはない。不思議だ。ぼくだってパキスタンで６８００《メートル》の高さまでは登ったことがあるんだ、３年前だけど。その時はフィックスなしで氷の斜面を急登したんだ……。でもやはり、今のぼくのこの登りは正直だいぶゆっくりだ。まだ頂上は先の先らしい。そこへたどり着くまでぼくは登り続けるのだ！

フィックスの終了点らしいところでサンタさんがビレー用のロープにぼくのカラビナをかけてくれた。えっ！ 終わったの？ 頂上?! もう登らなくてもいいの？ 到着は12時40分だった。やったぞ、とうとうやったぞ、登りきったぞ!! どんなに手厚いサポートがあっても、登るのはやはり自分の足、自分の体力、肺と心臓だ。おんぶや抱っこでの登山はあり得ない。おだやかな快晴がぼくらの登頂をやさしく包み込んでくれていた。

目のやり場に困るほどのヒマラヤの山波。マナスル三山、アンナプルナの山群、ダウラギリ……、きら星のごとく居並ぶ７千《メートル》級、６千《メートル》級の峰々。あっけにとられただ呆然《ぼうぜん》としてしまう。記念の集合写真を写してもらう。ぼくは１《グラム》でも荷を軽くするため、カメラはＢＣに置いてきてしまった。

○酸素マスクでスピード下山

隊長の判断で、万一の場合に備え、酸素ボンベが1本担ぎ上げられていた。それはマンちゃんのザックに入っていた。Ｃ１からＣ２まで、そしてＣ２から山頂までの合わせて13時間ほどをかけて登ってきたところを、今日はこれから5時間弱くらいで一気に、できれば明るさの残ってるうちに、Ｃ２を

チュル一最東峰（6038㍍）

チュル一南東峰（6429㍍）

撤収してＣ１の氷河キャンプまで下らなければならない。

　山頂から下り始めてしばらくしたら、隊長がぼくに声をかけられた。まだ今年の２０１０年５月にシシャパンマ（８０２７メートル）へ登頂された隊長は、８千メートル峰サミッターとしては高齢になっておられるので酸素を使われた。その体験から、酸素を使うといかに体が楽か、パワーが出るかを話され、「スピードアップも図れるので使ってみますか？」と言われた。マンちゃんも「吸い始めて少したつと、びっくりするほど力が湧いてくるよ」と言ってくれた。

　せっかくここまで担ぎ上げてもらっている酸素だ。空のボンベだけで４キロもある。それに、Ｃ１の氷河キャンプまで今日中に下らなければならないという動かしたくない目標がある。今のぼくの歩みは相変わらずゆっくりで、時々は立ち止まるという始末だ。登頂は無酸素で登ったんだ、「お願いします」と即二つ返事をした。

　酸素吸入のセットをしてもらうと、バンドで頭部から顔面にかけてしっかりとマスクを密着させるため、初めは圧迫感があってなじめなかったが、なるほどノンストップで歩けるわい、懸垂下降ではちょっとマスクが邪魔になるけど楽だわい、ということになって、Ｃ１の氷河キャンプへ午後６時過ぎごろには帰着することができた。少し日が短くなったのでもう暗い、到着寸前の10分ほどはヘッドランプが必要だった。

○帰路、１カ月ぶりに温泉に漬かる

登山活動終了後の下山先は、地理的に効率の良いマナンのすぐ手前、プラガになった。マナンはマルシャンディ川沿いでこの地方最大の村。アンナプルナ１周トレッキングコースの３分の１行程辺りになる。隊はこのマナンからティリチョレイク（湖・標高４９２０メートル）を経てカリ・ガンダキ側のジョムソンへ抜けるコースを採ることになった。このコースはまだあまり一般化していない。最近ようやくトレッカーが少し入り始めたとはいえ、湖周辺でテント泊をしなければならず、最高所のメソカント峠は５４００メートルもある。

ぼくらは11月14日の朝、湖畔のテント地を出発しジョムソンの少し手前、取り付きの村ティニへ到着するまでに12時間を要した。途中で真っ暗になりヘッドランプをつけてから１時間半も山道を歩いた。

次の楽しみはタトパニで、川岸に温泉が湧き出しているところだ。露天で水着が必要だったが、一カ月ぶりのお湯にゆったりと漬かった。18日は期待のゴラパニ峠。ここから１時間ほどで行けるプーンヒルはダウラギリとアンナプルナが大きく眺められる大展望台で、ここを目的に登ってくるトレッカーも多い。でもぼくらが峠へ着いたときは雲が多くて残念、時間的なこともあってプーンヒルは割愛した。この日はトレッキングコースの終着地ナヤプールのロッジで最後の夜を過ごし、翌日バスでカトマンズへ戻った。

（みのハイキングクラブ「会報」16号）

▲天空の街　マチュピチュへ

2011年10月　浅子

○夫、そして仲間と一緒に

期待に胸膨らませ

何年も前から、マチュピチュへ行きたいと思っていた。でも、なかなかそういう機会に恵まれなかった。また、年齢のことも考えると、地球の裏側だからとても長い機内の旅になるのだろうと思われたため、体力的に、自分1人で混成のツアーに参加するようなことはできないし……、と考えていた。こうなれば何が何でも連れ合いの協力を得なければこの旅は実現しないな……、となっていた。そんなこんなの経過の中で、そのうちちゃっとカレにその気になってもらえることとなり仲間もそろってきて、今回の出発となった次第だった。

なんの予備知識も持たず、日本を出発してから2日目に、ペルーはクスコの空港に降り立った。ところが今年はマチュピチュが発見されてから100周年とのことで、地元の方々によるアンデス地方の音楽と民族舞踊での盛大な出迎えを受けた。このような記念すべき年にアンデスの地に足を踏み入れることができたことで、今回は幸運に恵まれているなということを感じさせるスタートとなった。

世界遺産といっても「ピンキリ」で、日本の白川郷からアフリカのキリマンジャロ、中国の九寨溝、トルコのカッパドキアなどと、今まで接したところだけでも数々あるけれど、なかでも今度のマチュピチュは、旅行者の人気ナンバーワンとかいわれているらしい。期待で胸が高鳴る。

トレッキングスタート

インカ帝国は南北4千キロに及んだ大帝国だったという。そこに張り巡らされたインカ道のうちのほんのわずか、なかには石畳もあったりするような42キロを歩いたわけなんだけれども、そこには高峻で雄大な景観、素晴らしく高度な建築技術、精巧な石組みによる遺跡が、山奥の各所にひっそりとたたずんでいたりする。そして、標高4千メートルを超えるような峠も歩いて越えた。

トレッキング4日目にはまた石畳の道をたどっていって、ついに「太陽の門」に到着した。そこからは眼下はるかに広がるマチュピチュの遺跡が展開していて、思わず目を見張った。そしてその背後にはワイナピチュ山がすっくと立ち上がっている。このインカ道をテント3泊で歩き、それが、けっこうきつかったからこそのこの感動。われながら心身の高揚を感じないではいられなかった。よくこの年齢で、この体で歩き通せたなぁと、感激も人一倍大きかった。

中央アジアのキルギスでも、キリマンジャロでも、コック付き、ポーター付きの登山やトレッキングをしたが、今回はまさに本格的な料理で、しかも毎回毎回変わった料理が出る。それに心のこもったもてなしや、優しい気配りのできるポーターさんたちで、現地スタッフのみな

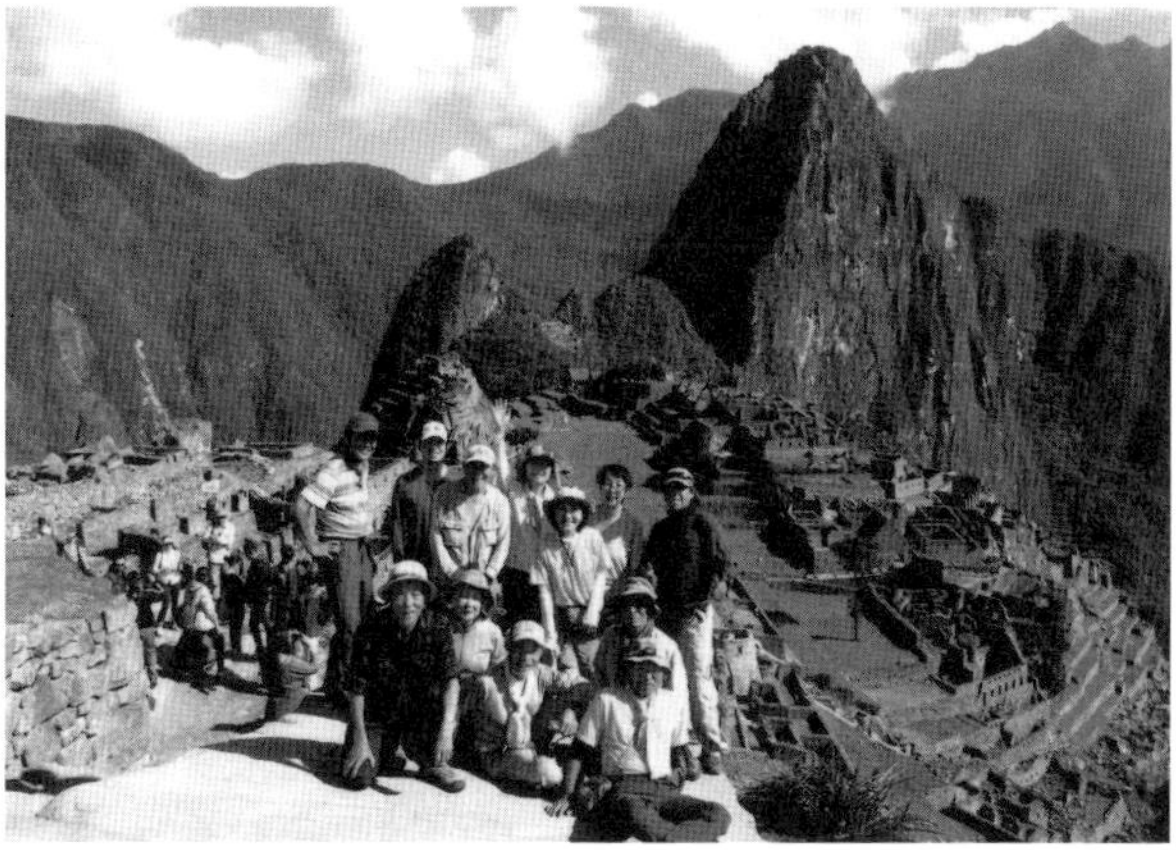

マチュピチュを見下ろすインカ道にて

さんは、本当に私たち遠方から来た旅行者の身になって接してくださった。

トレッキングガイドのソクラテスさん。自分たちの祖先の文化を誇りとし、それを私たちに伝えようとする熱意がよく伝わってきた。知ってもらいたいというそのお気持ち、それを使命としておられるようなものを感じた。よく勉強もされていて、素晴らしいガイドさんに案内をしていただけた私たちは誠にラッキーでした。それと、私たち９人全員が全コースを歩き通せたこと、全くこの健康には感謝、感謝です。

クスコで金婚式

最後に私事で恐縮ですが、10月1日インカ道を歩き通してマチュピチュに到達した日は、偶然にも私ども夫婦にとっては結婚50周年の記念日という巡り合わせとなり、夜クスコのホテルでは旅行社からの配慮で、特注のケーキが出るなど、ちょっと話していたことが思わぬ〝金婚式〟ともなってしまい、皆さまからも祝福を受けることになりましたこと、全く歓喜の極みでした。誠にありがとうございました。

今度の旅がそのクスコで成功裏に終盤を迎えたことと合わせ、とても思い出深い旅となったことも記させていただきました。

○マチュピチュの思い出　　　善太郎

登山もできるなら

実のところ、当初のぼくはマチュピチュ旅行にあまり乗り気ではなかった。というか、これまでの旅は登山が第一目的で、付随的に帰路などで観光的な部分が加わる、といったことがほとんどだったし、それで良かった。

ところが、トシのせいでもあろうか、近ごろは山の方もやさしいものを選びたくなったり、山と観光が半々くらいになるようになったりしてきていた。そのうちには、山（ハイキング）の方は付け足しで、観光が主となる傾向にもなり始めてはいた。カナダ、アラスカ、スイスなどはそうだったといえる。だが今度のマチュピチュは、自分から進んでというより、「牛に引かれて……」という感じでみこしを上げたのがスタートだった。

しかし単なる観光だけではなく、標高４２００メートルもの峠を歩いて越えるインカ道のテント泊トレッキングとか、ワイナピチュの登山もできそうだという期待もあって、参加を決意した次第だった。アコンカグア（６９５９メートル・アルゼンチン）への２回の旅で、インカの一端にちょっとは触れていたことも興味を抱く一因になっていた。

インカ帝国の神殿跡に感激

最初の衝撃はペルー到着２日目のクスコだった。クスコはインカ帝国の中心として栄えたところだ。ガイドブックなどで予備知識がいくらかあったとはいえ、あらためて現地に立ってみて、呆然としないではいられなかった。インカ帝国の当時、最も重要な建物とされていたクスコのコリカンチャ（太陽の神殿）、そこは黄金の太陽の神を祭ったインカ帝国最高峰の神殿だったというのだが、侵略者スペインによって破壊され、金銀財宝は持ち去られ、現在はサント・ドミンゴ教会と修道院になってしまっている。でも頑丈な土台や石組みが破壊しきれず一部に残されていて、それが当時の荘厳さをほうふつさせるようすがとなっている。

その他ハトゥンルミヨック通りの石組み、サクサイワマンの巨石の石組みにも舌を巻いた。巨石の運搬や、どんな工法で、どんな石の加工技術で、どのくらいの技術者がいて、どのくらいの年月をかけて構築していったものなのか、現代からは予測しきれないほどのものだなぁと、感嘆した。

快適な道行き支えるスタッフ

インカ道のトレッキングは、クスコからの距離が82キロ地点になるところからだった。そして確かに、ぼくらはみんな自分たちの足で42キロを3泊4日のテント泊で歩き通した。でも、ほんとうに自分たち9人の力だけで歩き通したといっていいのだろうか。もちろんそうではなかった。ツアーガイド、リマからリマまでの通しガイド、トレッキング専任ガイドとそのサブの人たち。調理人とその助手、ポーターさんたちを合わせると30人を超える大所帯であったればこそ、成し遂げうることができたものだった。

まずぼくらはお金を払って企画をしてもらった。そして現地スタッフを雇ってもらった。今度はその人たちがぼくらに尽くす番だ……？　そういう金銭取引や雇用関係だけで、ああいう旅は成功するものではないと、今回もつくづく思った。双方で「ありがとう」という感謝の気持ちが通じ合わなければ、楽しく有意義な旅はつくれないものだなぁと、ぼくは痛感した。だから、終盤現地スタッフの方たちとお別れするとき、思わず胸にこみ上げてくるのをどうしても抑えることができなかった。

その点はトレッキングガイドのソクラテスさんもよく分かっていて、心得ているなぁと感心した。そしてトレッキングの内容も、そんじょそこらの軽登山やハイキングよりよほどハードで満足できるものだった。

驚くべき天空の文化都市

あのインカ道が南北4千キロ、今のコロンビアからエクアドル、ペルー、ボリビア、チリ、アルゼンチンの6カ国にもまたがる広大な地域に網の目のように通じ、キープという結縄による記録と、チャスキという飛脚によってリレー式に情報を伝達していたのだという。インカ道には旅人が休めるタンボが20キロおきくらいに用意されていて、皇帝は国内すべての情報を居ながらにして、短時日のうちに掌握できたのだといわれている。

驚異の石組み文化といい、この情報網の発達といい、もはや現代人では構築不可能なほどの恐るべき豊かさを持つ文化だと、ぼくは感激した。マチュピチュの建設は１４５０年ごろで、第9代皇帝パチャクテイの時代に始まったという。ところが１５３６年ごろから人口はもう減少し始め１５４０年ごろには、人々はマチュピチュを捨ててどこかへ消えてしまった。その間わずかに１００年足らず、このマチュピチュへは、スペインの侵略者が攻め込んだわけでもなかったのに……。「謎の空中都市」ともいわれるゆえんだ。

ワイナピチュ山に登る

ぼくら9人のうちの4人だけは、マチュピチュの背後にそびえるワイナピチュ山へ登った。

高いところを見ると登ってみたくなるのは登山者の共通心理かもしれない。下から見上げると、いったいあのとがった岩山へ登れるのか？ まさにロッククライミングなのだろうか？ と思ってしまう。ところがインカの人たちは、巧みに山頂への道をつくっていた。今は、それを修復した道と、階段が続いていて、難なく頂上へ達することができるようになっている。登山道と下山道が分かれている部分があるが、ぼくらはその他にも道があるとは知らず、大回りの道に入ってしまったので、1時間ほどで下れるところを、2時間もかけてしまい、下で待つ皆さんに大変なご心配とご迷惑をおかけしてしまった。

ただ、けがの功名とでもいおうか、普通のツアーやワイナピチュ登山だけではまず行くことができないであろう「月の神殿」に、その途中で出会えることになった。その時はそれとは知らず、そこで一休みしただけだったが、後から調べたらそうだったと分かり、1人苦笑いをすることになった。

日本人が集めたアンデス文明の至宝

ツアー最終日の10月4日、ぼくらはリマで忙しく有意義な1日を過ごした。なかでも故天野芳太郎氏が収集された物品が収蔵されている「天野博物館」の見学は、旅の最後にふさわしい衝撃的なものだった。

インカ以前の古代文明は、明確なものだけでも紀元前千年にもさかのぼるが、博物館では、インカ文明以前の紀元900年以降ごろから、インカ文明直前の1400年ごろまで栄えたというペルー中央海岸地帯のチャンカイ文化の文物を多く見学できた。その土器や装飾品などの造形物、織物の美しさ、繊細さにはまたまた舌を巻いた。

およそ現代人にはつくれまいというほどの美的感覚と精巧さを持つものだった。当初では予想できなかったような事物にあまりにも多く出会い、学び、そして感ずることとなり、元気に行ってこられたことも含めて、今回の旅を、ぼくは大いに豊かなる満足感を持って今振り返っているところです。

（みのハイキングクラブ「会報」17号）

世界自然遺産ヨセミテ

２０１３年６月　善太郎

○ヨセミテ国立公園

世界自然遺産になっているヨセミテ訪問は、私自身にとっては夢の一つの実現という課題の旅でもありました。アメリカ西海岸にあるヨセミテへは、日本をたってもう同じその日付のうちに、公園内のホテルへ入れるという便利さでした。サンフランシスコから公園へ向かう専用車で走りながら私がガイドさんに「できたら最初にトンネルビューを見てみたいんだけど、このコースからだと遠回りになりますか？」と聞くと、ガイドさんは「いや大したことないよ、寄りましょうか」と、快く受け入れてくれました。

　雄大なヨセミテ渓谷が一望できる、「トンネルビュー」（インスピレーション・ポイント）はヨセミテを代表する風景の一つで、できれば最初にいきなり見てみたいと思ったのでした。そして目にしたその光景は、まさに言葉を失うほどのものでした。右手前の方には優しげに見えるブライダルベール滝、左手にはあの大岸壁で知られるエルキャピタン、谷の奥にはヨセミテのシンボル・ハーフドーム。紺碧《こんぺき》の空と透き通る大気の中のそのパノラマは、

トンネル・ビュー

もしやこれは幻では……と、頭を少し振ってみたほどのものでした。

○ジャイアントセコイアの森

翌日、まず何はさておきと向かったのがジャイアントセコイア（以下、Ｇセコイア）の森マリポサグローブでした。巨木セコイアには2種類あるとのことで、一つは高さ世界一のレッドウッド、もう一つが体積世界一のＧセコイアです。地球上に存在するあらゆる生命体の中の最大の生き物、それがＧセコイアです。

このマリポサグローブには、樹齢２千年を超えるようなＧセコイアが６００本以上もあった（この森を１８５７年に白人としては初めて発見し、マリポサグローブと命名したのがガレン・クラークで、森をくまなく歩き、セコイアの数を数え、その大きさも計測したのでした）が、一時期の伐採によって現在は２００本といわれています。

私たちはこの森をほぼ1日かけてのんびりと歩き回りました。ヨセミテにはＧセコイアの森が3カ所あり、このマリポサグローブが最大です。その森の中での最大の巨木が「グリズリー・ジャイアント」。樹齢２７００年、根元の直径が10メートル。私たちはその前で「ほーっ……」と言って立ちすくんだのでした。自分の魂がその巨木に吸い取られるような、そして巨木の精がこちらへ迫ってくるような、名状しがたい気分になりました。

○自然保護の聖域ヨセミテ

ヨセミテ渓谷は、このマリポサグローブを含めて、１８６４年にアメリカ合衆国で最初、そして世界でも初めての自然公園に指定されました。その後この公園はカリフォルニア州に管理運営が譲渡されたことで、全米初の州立公園が誕生し「ヨセミテ州立公園」となりました。優れた自然景観を後世のために残し、リゾート・レクリエーション目的で市民に広く一般利用してもらおうという目的でできた、世界でも初めての自然公園でした。

その8年後にはイエローストーンが、これも世界で初めての国立公園として設立されました。国立公園の名称はイエローストーンが先でしたが、実質的な国立公園機能の原型としてはむしろヨセミテ州立公園が近かったらしいのです。しかし、どちらもまだ自然保護の観点は希薄な、名ばかりの公園だったといいます。

アメリカで、そして世界でも初めての国立公園誕生は1872年のイエローストーンですが、それは特異な景観を残すという意味合いが強いものでした。その18年後に指定されたヨセミテ国立公園では、貴重な自然、手つかずの原始の自然（ウイルダネス）を後世に残すという自然保護の理念がより明確に確立されたもので、この理念確立はヨセミテ国立公園からだといわれています。その運動と成立に大きく貢献したのがジョン・ミューアでした。

○「自然保護の父」ジョン・ミューア

ジョン・ミューアは11歳の時家族ぐるみで、スコットランドの趣ある古い港町ダンバーからアメリカ・カリフォルニアへ移民した開拓農民でした。それは1849年のことでした。その前年の1848年はアメリカがカリフォルニアを併合し、金鉱発見のニュースも流れた年で、その時からゴールドラッシュが始まり、世界中から一旗組の人々がカリフォルニアに殺到しはじめたのでした。しかしミューア一家は金鉱探しには関わらず、開拓農民としての暮らしを始めました。

やがてジョンは、父や一家とは離れて勉学や自然放浪に生きがいを見出していきます。そして30歳の時初めてヨセミテに入ってくぎ付けとなり、働きながらウィスコンシン大学で植物学や地質学などを学びつつ、ヨセミテを中心としたシエラネバダ山脈を探査・放浪し、その原始の自然・ウイルダネスの美しさ、素晴らしさに魅せられていきました。

そしてやがてヨセミテ渓谷の成り立ちが氷河地形であることを発見、数々の痕跡からそれを突き止めます。そのことは、これまで地質学会の最高権威ホイットニーの地殻変動説と真っ向から対立することになりました。それはジョンの性格や意志に反しての大論争となり、ヨセミテ渓谷の成因をめぐっての長い闘いになります。が、やがてそれは事実の調査に裏付けられたジョンの理論に軍配が上がり、ジョン・ミューアの名は尊敬の念を持ってアメリカの人々に知れ渡ることになっていきました。

「私は、これからは、全ての人々に自然の素晴らしさを知ってもらうという目的のために、全生涯をかけてみようと思います」と決意したミューアは、希代のナチュラリストとして、積極的な自然保護運動家として立ち上がります。１９０３年の春にはルーズベルト大統領と2人だけ、レンジャーやコックの３人は少し離れたところに控えさせ、３泊４日というキャンプをヨセミテで行ったりもします。その時の初日のキャンプがマリポサの森の中でした。

○垣間見た「ウイルダネス」

私たちがヨセミテに滞在できたのは6日間だけでした。それでも観光客としては長期滞在の部類に入るらしいのでした。ヨセミテを訪れる人の数は年間４００万人以上とのこと。東京都の１・５倍という広大な園内なので、欲張っても仕方がないと思い、行き先を数カ所に絞り込みました。私たちのメンバーはハイカーであり登山者なので、トレッキング・山歩きもしたいと考え、ヨセミテのシンボルであるハーフドームを真正面から眺められるグレイシャー・ポイントを起点にした、１日がかりのトレッキングや、３千メートルを超えるマウント・ホフマンの登山もしたりしました。

私たちが毎日のように眺め暮らしたヨセミテ滝は、高さ７３９メートル、北米一の落差を誇り、岩壁のエルキャピタンは標高差１０９５メートル、花こう岩の一枚岩としては世界最大。世界中のクライマーが憧れ、訪れているところです。

私たちは手つかずの原始の自然に身を委ね、それに癒やされるふくよかな安らぎや、目を見張る自然の造形に接することができた喜びで、心が豊かに満たされました。自然の素晴らしさ、大切さ、自然を敬い、育まれていることのうれしさ、そして全ての生命体への敬虔《けいけん》なる憧憬《しょうけい》。後世にそれを受け渡していくことの自分たちの使命について、少しは感じ、それを深め、学びとることができたのかなと思いました。その点で今度の旅は、生涯忘れることのない意義あるものだったなぁと、今振り返っています。

（みのハイキングクラブ「会報」19号）

▲五度目のアルプス

2019年6、7月　浅子

○みのハイキングクラブの仲間たちと

6月29日から7月10日までの12日間という日程で、私たちを含む「みのハイキングクラブ」の会員12人が、「モンブラン・マッターホルン展望ハイキング」に出発した。そして前半では、シャモニーを基点にフランスアルプスを、後半ではツェルマットを基点にスイスアルプスを、大いに楽しんだ。

12日間で12人なので、各自が1日ずつの記録を分担しようということになり、私の担当は6日目で、モンブランのあるフランス・シャモニーから、マッターホルンのあるスイス・ツェルマットへの移動日だった。

ツェルマットの街中から撮った
マッターホルン

○シャモニーからツェルマットへ　マッターホルンが目の前に　7月4日

今日は、シャモニーのホテル、ラ・プリエールを朝の8時半、専用車の大型バスで出発。30分くらい走ったところで国境を通過する。今朝からは、広範囲で高気圧圏内に入り、透明な素晴らしい晴天です。ブドウ畑の広がる斜面も、残雪に輝く山々の眺めも、とても伸びやかで美しい。そして3時間ほど走ったところでバスの終点テッシュに到着。目的地のツェルマットは自動車の乗り入れを禁止しているため、ここからは電車に乗り換えたが、ものの15分くらいでもうツェルマットの駅に到着した。

ホテルからの出迎えの車に荷物を積んでもらい、ここから約15分みんなで歩いてホテル・シティに到着。まずはヤレヤレと小休止した。この町は至る所からマッターホルンを仰ぎ見ることができ、なんだか私たちはこのアルプスの名峰に見守られているような気がした。

午後の3時半ごろからツアーガイド宮下さんの案内で市内見物に出かけた。西暦1600年代のものもある穀物倉庫など、ツェルマットの古い建物群や、両替する銀行、免税割引店のWAGA、ウインパーのレリーフが設置されているモンテローザ・ホテル、マッターホルン初登頂時に4人が滑落死した中の1人で地元のガイド、ミシェル・クロなどの墓もある墓地などなど、さまざまな場所を案内していただきましたが、なんといってもメインはマッターホルン博物館だった。

入口は、ちょっと見ると、ガラス張りの近代的な建物に見えたが、中へ入るとすぐに地下へ下り、さまざまな空間やルームがあって、今から150年くらい前か19世紀ごろからのツェルマットの人たちの暮らし、マッターホルン登山に関わるさまざ

マッターホルン博物館

まな資料も展示されていて、初登頂したウインパー隊の4人が滑落したときの切れたロープもあった。一休みしながらビデオも見たりして、1時間くらいはそこで過ごした。

この見学のエピローグは、宮下さんら3人パーティーがマッターホルン北壁を登られたときに、何かとお世話や励ましをされたホテル・バンホフのおばあさんベルナード・ミナさんの家の前で一休みし、日本人の小西正継さんら山学同志会隊が、初めて冬のマッターホルン北壁を完登されたときのエピソードなどもうかがう、というものだった。今日はスイス・ツェルマット・マッターホルンについて実に多くのことが学べた素晴らしい1日になった。

（みのハイキングクラブ「会報」25号）

▲85歳のモンブラン 不登頂の顛末

2019年6月　善太郎

○暗と明と……、そして……

2019年6月に入った段階で、ぼくのモンブラン再登頂には、ぼくなりに三つの関門があると考えていました。それは、第一に小屋の予約が取れるかどうか、第二に山の気象条件、第三に自分の体力度というものでした。

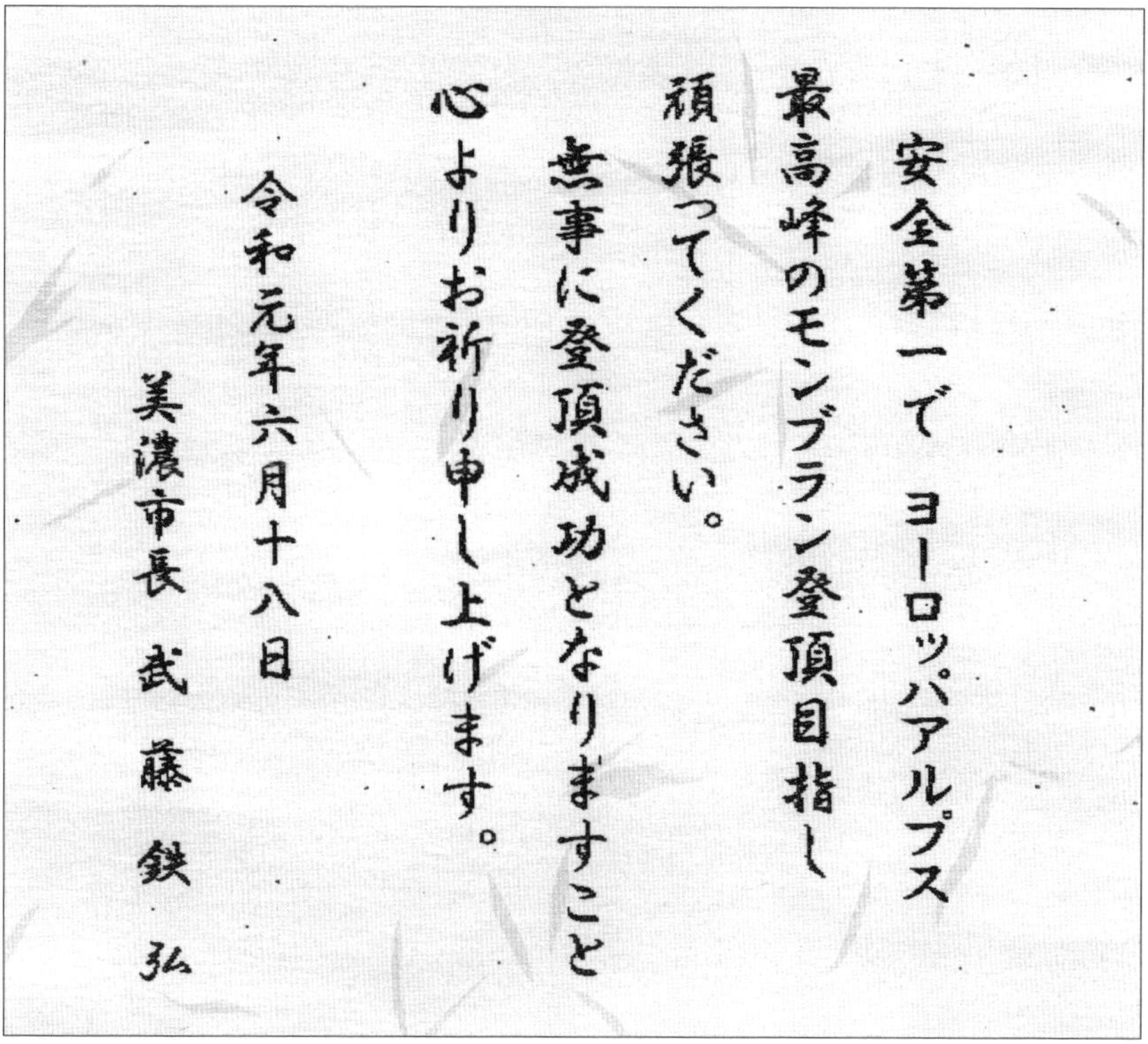
安全第一で　ヨーロッパアルプス
最高峰のモンブラン登頂目指し
頑張ってください。
無事に登頂成功となりますこと
心よりお祈り申し上げます。
令和元年六月十八日
美濃市長　武藤鉄弘

武藤鉄弘美濃市長からのメッセージ

澤田さん（美濃市広岡町）25日にアタック

85歳、モンブランに挑む

18年ぶり「絶景楽しみ」

みのハイキングクラブ会員の澤田善太郎さん(85)＝美濃市広岡町＝が、今月、西欧最高峰のモンブラン（4810㍍）登頂に挑む。60代に入り、海外の名峰に挑戦を始めて23年。「80歳の時から決めていた。ようやく実現できると思うと、わくわくする」と笑顔を弾ませる。

（富樫一平）

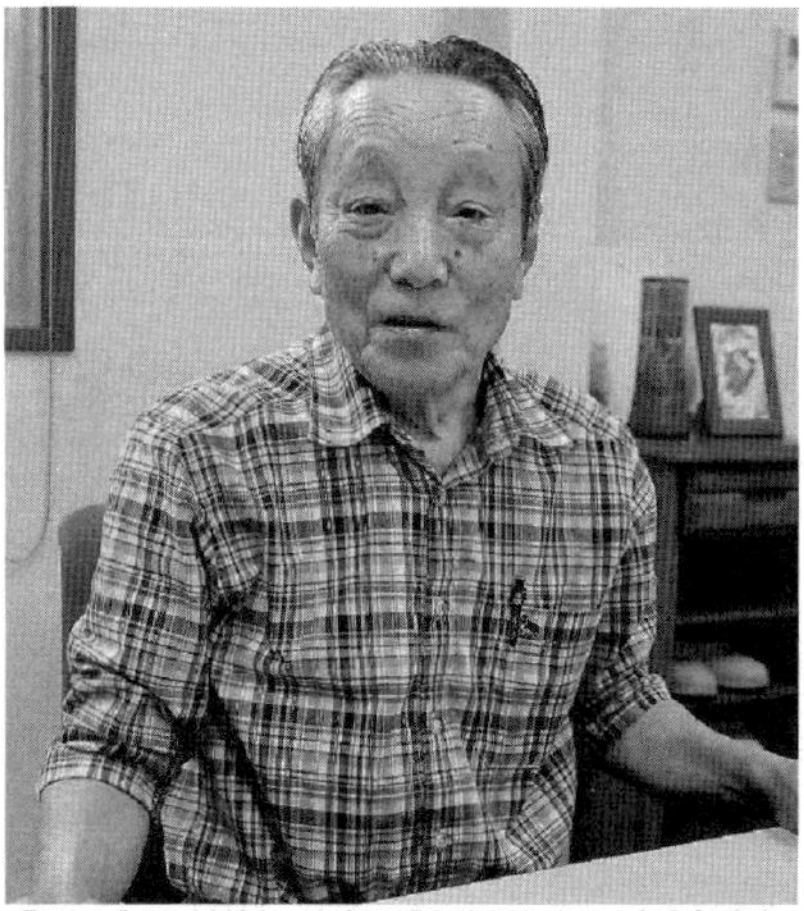
「モンブランは憧れ。最後にぜひ登頂したい」と意気込みを語る澤田善太郎さん＝岐阜新聞・岐阜放送中濃総局

モンブラン挑戦は、登頂に成功した2001年以来2度目。「稜線《りょうせん》など、どこを切り取っても絵になる」と風景の美しさに病みつきとなり「最後の挑戦は、モンブランにしたいと考えてきた」と決意。今回に向け、富士山など国内の高山に挑戦しながら、体調を整えてきた。

今回は中津川勤労者山岳会のメンバー2人とともに挑戦する。21日に出国し、24日に標高3817㍍の山小屋に宿泊。25日にアタックする。登山人気が高まっており、1日しかチャンスがなく、天候によっては断念せざるを得ない可能性もある。それでも「妻や（みのハイキング）クラブの他のメンバーの思いも込め、もう一度、あの絶景を目に焼き付けてきたい」と成功への意欲を語った。

2019年6月12日付 岐阜新聞

85歳 モンブラン登頂へ

「みのハイキングクラブ」沢田さん

県内の登山愛好家らでつくる団体「みのハイキングクラブ」会員で、六十代から海外の名峰に挑戦してきた沢田善太郎さん（八五）＝美濃市広岡町＝が、海外での活動の締めくくりとして今月、ヨーロッパアルプス最高峰のモンブラン（四、八一〇㍍）への登頂を目指す。

（鈴木太郎）

モンブラン登頂への意欲を語る沢田さん＝美濃市広岡町で

自然の中に身を置くのが好きで、二十代で本格的に登山を始めた沢田さん。団体職員を定年退職後に海外での挑戦を始め、七十六歳だった二〇一〇年には、ヒマラヤ山系でネパール中央部に位置するチュルー南東峰（六、四二九㍍）と同最東峰（六、〇三八㍍）への登頂を果たした。

「海外最後の挑戦」

モンブランは〇一年に登頂し、二度目の挑戦。稜線《りょうせん》や麓の家々など、どこを切り取っても絵になる風景が好きで「海外最後の挑戦はヨーロッパアルプスに決めていた」と話す。

筋力トレーニングとランニング、金華山でのハイキングをそれぞれ週一回こなし、健康の維持に努める。「足腰に痛みが出るなど、加齢による衰えは感じる」と話すが、五月には磐梯山と安達太良山、今月九日には乗鞍岳に登るなど、気力は十分だ。

今回はアルプスの三大北壁に登頂経験のある、いずれも中津川勤労者山岳会の宮下征夫さん（七四）＝中津川市中津川＝と三浦弘行さん（六一）＝同市下野＝に同行を呼び掛け、現地ガイドを付けずに挑戦する。

三人は二十一日に出国し、二十五日に山頂へアタックする。山小屋が満員で一日しかチャンスがなく、天候によっては断念せざるを得ないが、沢田さんは「諦めずにここまで調整してきた。体力と相談しながら、行けるところまで行きたい」と意気込んでいる。

2019年6月18日付 中日新聞

○暗いニュース

第一関門はこの山が現地ガイド優先のため、登山小屋の予約が非常に難しいということでした。八方手を尽くしてもらった結果、当初は３泊４日で計画していたのですが、結局取れたのは渡欧直後の６月24日で、上部のグーテ小屋１泊のみ。これでも確保できただけ幸運だったといえばそうなのですが、５合目辺りにあるテト・ルース小屋で登りに１泊、山頂から下りてきてもう１泊することはできないということが確定したというわけでした。

それに加えて、えらいニュースが飛び込んできました。シャモニーの市長の通達が出ていて、今年は降雪が多かったため、登山電車の運行をベルビュー（私たちの乗車駅）からニ・デ・エーグル（終点で登山口２３７２メートル）まで、６月いっぱい停止すると小屋の予約者に知らされていたのでした。電車の運行時間は片道で20分間です。頑丈な歯車をかんで登る登山電車は、山の上なので、ラッセル車が入ることなどはもちろんあり得ないからです。

また、小屋の予約の難しさでも、ニュースが入ってきていました。この山は、世界中の登山家が憧れる山の一つなので、予約を取るのは宝くじを当てるような感じになってきているようです。下の小屋で６００人とか、上の小屋では９００人とかの順番待ちがある……、などの情報も伝わってきていました。

ぼくたちにとっては、「さあどうする？　それでも行くのか、やめるのか！」という決断を、特にぼくには突きつけられている思いでした。

○明るい知らせ

ところが！　今度は朗報がもたらされた。６月21日、22日は雨模様で、山では雪に違いなかったのですが、23日早朝から大きな高気圧に覆われることとなり、これはその後10日間もの間快晴が続くことになったのです。そして、その気象条件によって登山電車の運行も始まるとなったのでした。

アルプスの名峰モンブラン

「バンザーイ！　世の中捨てたもんじゃないな！」、というわけでした。「よっしゃ、そんならいけるな！　頑張りましょう……」です。

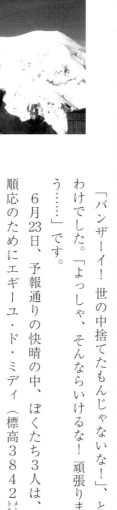

６月23日、予報通りの快晴の中、ぼくたち３人は、高度順応のためにエギーユ・ド・ミディ（標高３８４２メートル）にロープウエーで上がり、雪上トレーニングとゆったり時間をかけた順応行動をしました。そして迎えた24日です。ロープウエー、登山電車を乗り継いで、登山口のニ・デ・エーグルに到着しました。

いよいよ登山開始、今日はまずグーテ小屋までの登りだ、ガイドなしで標高差は２０３１メートル。例年だとこの辺りは無雪なのに、今年は雪がある。やがて傾斜も強くなり雪の壁になってくる。特にぼくにとっては体力的に厳しい状況になってくるけど、なにくそ！　やってやるぞ！　という緊張と覚悟で、みなさんに遅れまいとして３人で登高しているときでした。

○トラブル発生

好天になったため雪の表面が柔らかくなり、人の足跡も深くなったりしているところがあり、その下には氷があって、結構登りにくい状況ではありました。

そのうち３人の中の１人が、右足を深みにとられ、その場所の下の氷の具合もあって、グキッと足首をひねる！という事態が生じてしまいました。もし、大なり小なりの靭帯《じんたい》損傷でもあったりしたら大変なことです。その方は少し歩いてみたり、登ってみたりで様子を見、状況判断をしておられましたが、これを無理して登っていけば、下りることができなくなる可能性もあるという事態の認識となり、登山を中止して下山することに決めたのでした。

ぼくたちは３人で登山をするにあたって、誰か１人でも不調者が出たら、そこで中止して下山するという申し合わせをしていました。これは当然のことです。不調者が出る可能性といえば、年齢や体力からいってそれはまずぼくなのですが、だから、それはぼくを守ってくださるヒューマニズムの合意だったと理解していました。引き返した場所の標高はまだ２８５０メートルで、５合目の小屋の直下でした。

○ぼくは岩登りに

ハイキンググループがシャモニーへ到着するまでには、まだ1週間ある。モンブランでの疲れを休めた後、ぼくはシャモニー在住で、フランスのガイド資格を持っておられるH氏に依頼し、「なにかやりがいのある登山を！」とMさんに頼んでもらいました。そして初めてのブレヴァン岩稜登攀を計画していただき、27日の朝出かけましたが、ゴンドラ乗り場へ行くと、電気系統の故障ということで1時間待っても見通しが立たず、H氏は「しょうがないね、方向を変えましょう！」ということで、シャモニーを挟んで反対側の、メール・ドゥ・グラス氷河末端にあるヴァコルダの岩稜を紹介してくださいました。

　取り付き点の標高は約千メートルで終了点は1615メートル。氷河に削られた岩肌のため、スタンス・ホールドが極めて小さくつるつるで、グレード4だといわれました。Hさんに確保していただいて懸命にぼくは登りましたが、2度、小さくスリップしました。他に、若い強そうなパーティーが4組ほど前後して登っていました。長く岩登りをしていなかったのできつかったけれど、ぼくの心は癒やされました。アパートへの帰着は夕方でした。

（みのハイキングクラブ「会報」25号・年金者組合関支部「やっとかめ通信」214号）

山の先輩らと（シャモニーにて）

〈第2部〉　妻と私、そして山仲間のこと

第1章　生い立ち

▲生まれ在所谷戸から美濃町へ

浅子

○水車の回っていた家

美濃和紙の里として知られる牧谷の中の下牧村谷戸《たんど》というところでわたしは生まれ、22歳のころまでそこで暮らしていました。

家のすぐ裏には、瓢ケ岳《ふくべがだけ》の山裾から流れ下ってくる、片知渓谷《かたじけいこく》のある片知川が流れていて、その水を引き込んだ家の流れには大きな水車が回っていました。

その水車の動力は、いろいろなことに使われていました。米をつくとか、粉をひくとか。でもいちばん大きな仕事は特産の美濃和紙づくりには欠かせない作業の「ビーター」でした。和紙の原料はミツマタやコウゾ、ガンピなどの木の皮で、その表皮の薄皮やゴミを取り除いたり、水にさらしたり（寒ざらし）して、きれいにしたものを釜で煮て、柔らかくします。ビーターは最後の工程で、押し砕いてとろとろにする作業でした。

それを人力でするのは大変なことで、うちの自家用分もありましたが、多くの漉屋《すきや》さんが原料をうちへ持って来られました。

そのビーターでこなしたとろとろの原料にトロロアオイ（ネベシ）を加えて漉き舟に入れ、水加減をしながら紙を漉くわけです。

自家用でできた紙も含め、漉屋さんでできた大量の紙を全国各地へ発送していました。扱っていた紙の中には謄写版《とうしゃ》用の原紙なども入っていました。

○片知小学校の頃

谷戸から小学校までは2キロくらいあり、ゆっくり歩くので30分以上かかりました。

わたしが入学したときの同級生は8人くらいでした。6年生の団長に従ってみんなが通っていましたが、帰りは学年ごとに終了時間が違ったりするのでバラバラでした。

その中に「ワル」が1人いて、低学年の者、特にわたしは目を付けられ、意地悪や悪さをよくされた。あるときは、わたしのかばんの中にヘビを入れられたことがあり、怖いやら気持ち悪いやらで泣かされてしまうこともしばしばありました。

でも高学年になると、わたしはしっかり勉強に打ち込み、団長にもなったりしました。

成人してからは、生活の場もみんな変わっていきましたが、後年、そのワルだった子に、青年団の集まりで度々出会うようになりました。彼は頭をかきながら「昔のことは言うなよ……！」と言って笑いながらわたしを拝む格好をしたのを思い出します。

小学校に入学した翌年、昭和16年12月に太平洋戦争が始まり、6年生だった昭和20年8月には終戦となりました。わたしの小学校時代は、そっくり戦中と重なっていました。

○家を乗っ取られる

父はわたしが18歳のときに亡くなりました。その後は兄が家業など全てを引き継ぎました。やがて、兄嫁の叔父にあたるS氏が事業のためか大きな借財を抱え込むことになったとかで、兄に保証人になってほしいと頼みに来ました。そのときわたしはそばにいたので、「兄さんそれだけは絶対ダメ！

もしものことがあったら自分たちの家が大変なことになるから！」と強く反対しました。するとその時Ｓ氏は「女子どもは口出しするな！」と、わたしを怒鳴りつけました。下を向いて考えていた人のいい兄は、Ｓ氏に向かって首を縦に振り、印鑑を押してしまいました。

父が亡くなった翌年の昭和27年から、わたしは下牧村役場へお勤めするようになりました。役場は同じ谷戸にあるので、家から歩いて通うことができました。

しかし昭和29年になると、美濃周辺の７カ町村が合併して美濃市となり、下牧村役場は支所となりました。市制となったためすぐに市長選挙が行われ、石原市長が誕生しました。

美濃町役場だったところが市庁舎となりました。そしてすぐに秘書課が設けられ、わたしは秘書課勤務を命じられました。車などもちろんあるわけがなく、谷戸から美濃町まで、雨の日も雪の日も、夜でも自転車で通うことになりました。片道４、50分はかかりました。

昭和30年に入ってから、谷戸のわが家に一大事が起きました。保証人の一件は、わたしが心配していた通りになり、家も土地も山林も一切の財産が人手に渡り、腹違いだったその兄は嫁の実家に入り込み、あとの私たち一家、祖母と母と弟２人、妹２人の７人は、路頭に迷うこととなりました。

初めはともかくということで、美濃の街なかのある家の８畳間一間を借りて住むことになりました。その後じきに以前うちの紙仕事で親しくしていた方が見かねて世話をしてくださり、町内吉川町の小さいけれど２階建ての一軒家を見つけてくださったため、一家７人はやっと落ち着けることになりました。

でも、落ち着いたとはいえ、まだ世情は戦後の混乱期を脱しきれておらず、暮らしていくのは大変なことでした。わたしは弟妹4人と母と祖母を抱える長女の立場でした。

（みのハイキングクラブ「会報」26号）

父のこと

善太郎

それは、瀕死《ひんし》の事故から、少しは回復でき、日常生活がなんとかできはじめたころだったと思う。ぼくはそのとき、きっと5、6歳くらいだったに違いない。古城山《こじょうざん》の山塊西端にあたる前山（美濃市）へ、家族みんなでまきを取りに行ったときのことだった。

父は自分で集めたまきを縄で縛り、担ごうとしていたのだろう。ふらついて山側へ後ろ向きに倒れ、「かあちゃ〜ん」と大きな声で叫んで母を呼んだことがなぜかいまだにぼくの頭に焼き付いていて離れない。そのころの父の体調、体力の実態を表す象徴的な出来事であった。

当時住んでいた家から200メートル《メートル》ほど緩く下ったところに「巴湯」という銭湯があった。いつも行っていたはずなのだけれど、なぜか一度だけお風呂を出てから父と2人で手をつないで家へ帰ったことがあった。これもいまだに懐かしく思い出されてならない。

少しずつ体が元に戻り始めたからだろう、俵町の山省商店に勤めていたが、やがて千畝町にあった軍需工場の東濃航空へ就職した。ボイラーマンだったよと、いとこが教えてくれた。ぼくは7、8歳くらいになっていたと思う。終業のサイレンが鳴って門から出てくる父を迎えに行ったことも懐かしく忘れがたい記憶だ。

ぼくは父がどんな人で何を考えていたのか、ほとんど何も知らない。あまりそういうことに関心がなく、自分のことだけで精一杯だったと言えばそう言えるかもしれない。いとこに「武男さ」という5、6歳くらい年上の人がいて、問わず語りにいろいろ教えてくれたことがあった。父は美濃町の中心地吉川町の出で、母は同じ美濃の曽代だけど、結婚してから東京へ出て何かやっていたに違いない。つまり「一旗組」だったのかもしれない。

ところが大正12年9月1日、関東大震災に遭遇（このとき父は21歳）、命からがら美濃へ逃げ帰ったのだという。この大震災での死者・行方不明者は10万5千人を超えると記録されている。

美濃へ戻った父は、やがて運送業を始めた。店といっても個人経営で、町内の商店や事業者の便宜を図る飛脚も兼ねていたようで、当時の帳簿が1冊、今も家に残っている。その当時は十数年前（1911年）に名鉄美濃町線が開業し、1923年（震災の年）には、国鉄越美南線も開通したというときで、交通・運輸面でも美濃が大きく開けていくような機運が広がりつつあった時期だったのだろう。

その父が、美濃太田（現在の美濃加茂市太田町）辺りで列車と衝突しトラックは大破。父は重症も重症、瀕死の状態で、立ち会い検分の人は「これはもうダメだなぁ！」と判断したらしく、こもがかぶせられていたという。当時は今のように、電話をすればすぐに救急車がやってくるというようなわけではない時代だった。

この話は曽代に住む「井桁のおじさん」に聞いた話である。

母の昼夜を分かたぬ懸命な介護もあって、父は命を取り留め少しずつ体の回復に向かっていったようだった。しかし真の健康を取り戻すところまでには、やはりいかなかったと考えざるを得ない。

明治36年5月20日に生まれた父は、昭和21年4月4日に結局亡くなった。享年45歳だった。

葬儀は翌日の4月5日となった。この日は、実は中学校（旧制）の入学試験の日だった。ぼくは当日の朝、家の裏へそっと回り、父に「ごめん」と手を合わせた。長男でもあるのに母には何も言わず、葬儀をすっぽかして試験会場の武義中学校へ行ってしまった。

もう12歳だというのに、なんという罰当たりだろう。でもぼくは心の中で、父が「いいから行ってこい！」と、励ましてくれているような気がした。

父は「こうと思ったら一途にやり抜く」人だったと聞いていた。そんなところを少しはぼくが受け継いでいたのかも知れない。

（みのハイキングクラブ「会報」24号）

和紙画や書、手づくり工芸に打ち込む

浅子

○私と和紙画・ちぎり絵

40年以上勤めた職場の定年退職を間近にしたとき、「よし！　これから何かをやろう」と思い立ち、地域の公民館活動の一環として「ちぎり絵教室」をと思いつき、10人ほどの仲間を募って先生を招いて始めたのが最初でした。

和紙ちぎり絵とは、日本の伝統文化である手漉き和紙を素材とし、ちぎる、剥《は》ぐ、貼るといった手法で制作していく絵画をいいます。毛羽《けば》が織り成す和紙の風合いが、絵の具では表現できない透明感・優しさ・温かさといった微妙な雰囲気を醸し出します。

ちぎり絵に親しむようになったおかげで、これまではただぼうっと眺めていただけの花や鳥、風景などがだんだん感性を研ぎ澄ませて見られるようになり、事物から受け取る感激や感動といったものも、少しずつ深められるようになってきつつあるのかな……と、思えるようになってきました。

とはいうものの、その技術というのか技法とい

和紙ちぎり絵「厳冬の橅林」

うのか腕の方は、いつまでたっても向上せずお恥ずかしい限りです。

子どものころ、宝物のように大切にしたあの淡い色、あの柔らかさの毛氈《もうせん》紙や千代紙などの感覚を取り入れ、独特の風合いを持つオリジナルな絵画をつくりたいと、まだ夢見ている今日このごろです。

ちなみにこの本の表紙の写真は、制作の時期・中ごろの作品です。

○毛筆の書は今も楽しい

書については小学校の四、五年生の時分から、谷戸の平林如水先生の教えを受けました。それは父が「女のたしなみ」として、妹と一緒に習わせてくれたからでした。

そのころから、毛筆で字を書くことが好きになり、塾のある日を楽しみにしていました。その当時書いた軸が今も2本残っています。

その後結婚し、子育て中は離れていましたが、子どもにあまり手がかからなくなったころから、職場である市役所の中の書道愛好家仲間と夜間に練習し、日本書道連盟の傘下で勉強を始めました。そして、毎月1回の添削に出し続け、ついに書道の免許もいただいた。

役所を退職した後、あらためて書を習いたいと考え、後藤千郁先生について先生が89歳で生涯を閉じられるまで学び続けました。

○手づくりも楽しくて夢中に

手づくりも子どものころからで、生活の必要にも迫られ、見よう見まねで何でも作って遊びました。これには特に祖母がわら草履《ぞうり》・足袋《たび》・着物・布団の仕立て直しなど、家の中の生活必需品を次から次へと年中作っていたのを見て育ったことが大きかったように思います。

そして、小学校5年生のころからはもう自分で、編み物のセーターは家中みんなのものを編んで着せていました。古いセーターをほどいて毛糸を洗い、それを伸ばして、その糸で座布団カバーや帽子、靴下、手袋といった小物をどんどん作りました。古布で洋服やスカート、座布団などもしつらえたりしましたが、これには何にでも変身させられる楽しみがありました。

最近ではパッチワーク、押し絵、布画、木目込みなどで、飾り物やニワトリ、ウグイス、カルガモ親子、イヌ、ネズミ、ネコ。花ではボタン、アサガオ、フキノトウ、ナノハナ、アジサイとかも手掛けています。

また近ごろでは、かさ地蔵など何でも心と目に留まるものを写真に撮り、製図して作品にしています。

私の手づくり作品はすべてオリジナルで、先生についたことはなく、自分の発想で試作を繰り返し仕上げています。

ぼくの20歳代

善太郎

１９６０年5月12日。新安保反対第16次全国統一行動の国会請願には、４６０万人が参加しましたが、その大波の中に26歳の日本共産党員としてぼくも参加していました。そして、その1週間後の5月20日午前０時過ぎ、自民党は新安保条約を単独強行採決したのでした。

その暴挙に抗議する怒りのデモや政治ストライキは、いっそう激しさを増しました。６月15日、学生数千人が国会に突入。その中で東大の学生の樺美智子さんが殺されたのはこの時でした。６月23日、新安保条約の批准書交換をもって、岸首相は退陣を表明しました。

ぼくの20歳代はまさに激動の時代でした。そして、29歳のとき、党の専従職員になることを決意しました。それは、結婚してからまだ間がないときでした。

やがて、「１９７０年代の遅くない時期に、民主連合政権を！」という合言葉のもと、新しい、明るい世の中、日本を築こうという希望に燃え、寝食を忘れて……、という感じでかけずり回るようになっていたのでした。

しかし、それには自分の健康維持も大切とぼくは考え、昼休みは必ず1時間取ることにし、そのうちの30～40分は毎日のように5キロ程度のジョギングをしました。お客さんが来ていてもそれは実行しました。

本格的な山登りは、定年退職後からですが、日常的にも、寸暇を惜しんで近くの小さな山や丘へ登ったりして、「人がなんと思おうと……」くらいの感じで、健康と体力維持に努めました。そのおかげか、精神衛生上も自分を見失わず、健全を保ち続けられたと思っています。

第2章　山の仲間たちと

▲みのハイキングクラブ

善太郎

○結成当初

クラブの結成総会は今から12年前、１９９５年の６月24日に関市の八軒寿司で開かれました。出席者は21人。でもその他に総会には都合悪く出られなかったけれど、それまでの準備会や呼びかけ人に加わってきていた人が６人あり、都合27人で結成されたということになると思います。

中高年の登山ブームという背景もあり、結成前の４月29日、準備山行として行った母袋烏帽子岳《もたいえぼしだけ》登山は、参加者が39人にも上りました。母袋温泉のロビーでは、当日集まった人たちに公開の呼びかけ人会を開くなどしましたが、結成への気運の高まりを全員が受け止めていたと思います。誕生直後にはすぐに会員が38人になり、第１回のクラブ山行を乗鞍岳で行いました。その時の参加者は29人でした。

新しい自分たちのクラブ結成にみんなが期待するものは、山登り、山歩きを楽しみたいという点で全員が一致していたことは間違いないとしても、その内容はまた微妙に人さまざまでもあったでしょう。健康のためにとか、あるいは樹木や草花が好きだからとか、花鳥風月、トータルな自然に触れて日頃の疲れを癒やしたいから、山頂からの展望や山座同定に特別の興味や喜びを感じるから、という人などなど……。

また自分の体力や技術の限界を少しでも広げていき、高い山やより険しい山にも行けるようになることにうれしさを覚えるという人も、きっといたと思います。山は一つ一つみな違う。また、同じ山でも季節や天候などによってさまざまな表情を見せるので常に興味は尽きず、飽きることはないというのも、多くの人が実感している共通の思いではないでしょうか。

○青年期から今日まで

私も結成への流れに加わっていた者の1人として、私なりの、当時の思いや心の動きなどを振り返ってみようと思いました。私が初めて日本アルプスの山に登ったのは1957年の7月で、23歳のときでした。友人と2人で白馬岳から唐松岳への縦走をしました。それ以前にも伊吹山や白山などへ時々は登っていました。そのほとんどは単独行でした。

当時の日本は、真の独立と民主化を求める国民的な闘いが高揚しつつあり、それは1960年の日米安保条約改定阻止の闘いで最高潮に達しようとしていました。わたしはその大波の中へ、自ら進んで身を投じていきました。関市にあった刃物会社に勤めながら、余暇として名古屋市の児童劇団にも足を運んでいた私は、超多忙で充実した日々を送っていました。そんな中でも、たまに出かける山歩きは、私にとってリフレッシュと充電の貴重なひとときとなっていました。

その頃の私は、日本人というのは、元来の貧乏性なのだろうかと思うことがありました。仕事が趣味だという人がたまにいますね。私は「アホか」と言いたかったのです。仕事さえしていれば、働いてさえいれば落ち着く。けれども、休日とかに何か楽しい趣味のことでもしていようものなら、なんとなく後ろめたいような、何か罪悪感を覚えるような気になるなんて、極めて文化性に乏しいメンタリティーのように思えてなりませんでした。なぜ、どうしてそういう人がいるのだろうかと不思議でなりませんでした。

そのよって来たるところは、あの太平洋戦争強行のために、国民の戦意をあおり立てようと、時の政府が「お国のために働け、働け、贅沢《ぜいたく》は敵だ！」という価値観の強要を図ったこと、それが今もって私たちの心の奥底から消え去っていないことによるのだろう。きっとそうに違いないと、私は思っていました。最近ではだいぶ薄らいできたとは思っていますが……。

私は、ささやかなものに過ぎないけれど、自分の山歩きや演劇活動、社会運動も大切に守り通そうと努めました。それは当然のこと。仕事の面では上司に褒められるような存在ではありませんでしたが、気にしないようにしていました。

それ以降、私の仕事もさまざまに変化していき数十年、その間も、山歩きだけは決して手放しませんでした。60歳の定年を迎えたのは、ちょうどクラブ結成の前年で1994年の春でした。

自由気ままな単独行や家族友人らとの思いつきの山行も良いのだけれど、なんというか自分を中心にした結局は身勝手な遊びより多少は社会性というか社会への恩返しにもなるような〝山〟として続けられるのであれば、それに越したことはないとの思いも一方ではありました。そんなときに身近な山の友達と語り合う中で、「そうだ、自分たちのクラブを作ろうではないか」ということになり、形ができていったように思います。

○参加者一人一人の人格に敬意を払って

クラブに加入してきた人たちは、それぞれさまざまな肩書きや人生経験を経てきています。趣味の一点で集まっているクラブなのだから、今の、あるいはかつての肩書きなどは家に置いてきて山へは持ち込まないというのが暗黙のルールではあろう。そう思っていました。

しかしながら、一人一人がこれまでの半生で積み重ねてきた豊かな人格には、十分な敬意を払う必要があると私は強く感じていました。ただし、言葉遣いや表現方法にはそれぞれに個性があってもいいわけで、必ずしも丁寧語や尊敬語を使うなどということだけではないでしょう。つまり、人に接するときの自分の側の謙虚な心のあり方を大切にしようということだといえるかもしれません。

このことは山や自然に対する畏《おそ》れと謙虚さにも通じ、自分の生き方をも問われるような、クラブ存続の根本精神ではないかというふうに思ってきました。例えば比較的登山経験の多い側の人が、経験の浅い人に対し、「厳しく教える」という意図に基づく指導は、敬意とは真逆の気持ちで接することになりかねません。これまでにも、私は相手の人格を無視する態度や、言葉遣いによって、その方が傷つき、結局は退会していくことになってしまったケースをいくつか見てきました。

これは、言ってみれば、「行うは難し」に類することで、私自身も仏陀やキリストのような人間ではないので、なかなか完璧にはいかないのですが、常にそうありたいとは思い続けてきています。

○弱者を切り捨てるのではなく

ずいぶん前の話ですけれど、私は夢の中で何かをやっていて「オリは、山好き人間製造マシンになるのだぁ～！　ウッシッシー」と叫んでハッと目が覚め、恥ずかしさで赤面し思わず周囲を眺め回したことがありました。

山の友達もだんだん増えていき、好天に恵まれて、その山に初めて登れたと喜んでいる人があったりすると、私も本当にうれしくなりました。クラブができたことで、そういう方々がどんどん増えていくと、自分も幸せをいただいたような気分になりました。

クラブへ入会したばかりのころ、「雪山だけは危ないから行かない」などと言っていた方たちが、雪山の楽しさ美しさを満喫されるようになったのを見たりすると、これまた自分の心が満たされていく思いがしてなりませんでした。

個人山行であれば、気の合った者同士、足のそろった者同士で、念願の山へ出かけられるし、満足度も高いかもしれません。でもそれがクラブ山行であれば、やはり一定のモラルが求められるのではないでしょうか。

まずは無事故安全を第一に考えるとして、参加者全員が楽しい結果を得ることができるように、協力したり奉仕したりすることが大切だと思います。初心者や高齢の方がいたら、その方たちの歩行速度や体力状況にペースを合わせるのは、集団での登山の基本事項でしょう。

だから、足の遅い人がいたりしたときに、「もっと早う歩け！」とか、「遅い人がいるからイライラする！」などという言葉は決して口に出すべきではありません。そんなときには、風景や草花などを楽しみながら歩けばいいのです。ましてや、ワンランク上の山に挑戦しようとして参加してきた人に対し、「お前なんか来るな！」とでも言わんばかりの態度や接し方は、絶対にあってはならないことだと私は常々思ってきました。

かくいうこの私自身も、登山者としては高齢化にも超が付きそうな域に入りつつあるわけで、「皆さんの足を引っ張り始めているのではないかしらん。迷惑をかけるようになってきているのではないか」などと、気を遣い始めている今日この頃です。でも、なんとか歩けるうちは仲間に入れておいてほしいものだと念願しています。

先ほどの人格問題だけでなく、体力や体調といった面でも、いろいろな人がいるわけです。さらにそれに加えて、登山の経験や技術的なことも加わってきます。参加を希望した人全員が、「今日はほんとに楽しかった、うれしかった！」と下山後に感じてもらえるように、多少なりとも経験を積んできたと自覚している人ほど、謙虚で親切であるべきではないだろうか。そう思うようになってきている今日この頃です。

○『リトル・トリー』が語ること

誰かが「転んで膝を擦りむいちゃった……」と言ったときに、「地球と相撲とって勝てるわけないやろ」などと冗談で返したりすることがよくあります。その地球の一角だという言い方をすれば、大海原もそうであろうし、雲や風もそうであろうし、私たちのフィールドである山岳自然ももちろんそうだということになりましょう。

ちっぽけで弱い動物の一種である人間が、いくら力んでみたところで、この地球を征服し勝つことなどできるわけがありません。もしそのような態度でこの地球上の山々をはじめとする大自然と接しようとしている人がいたとしたら、そのこと自体もう間違っているといえるでしょう。自然は畏れ敬い慕うべきものではないだろうかと、私は常々感じています。

アイヌの人たちは、自然の中の動植物や現象の中に神を感じて暮らしていました。今は亡き写真家星野道夫が私たちに伝えてきた、アラスカの原住民アサバスカン・インディアンの暮らしぶりもそうでした。また、アメリカで１９９１年にベストセラー第１位となったインディアン作家フォレスト・カーターの作品『リトル・トリー』に描かれた世界も同様です。チェロキー・インディアンの血を引く少年が、心豊かな周囲の人たちのもとで、みずみずしい感性を失うことなく自然を畏れ敬いながらたくましく成長していく物語です。

私たち登山者は、いま山岳自然からどれほどのものを感じ取れているでしょうか。その内懐に抱かれていることの喜びに、感謝の念をどれほど持ち続けているといえるでしょうか。私は地球に対して、そして大自然に対して、山々に対して、限りなく謙虚でありたいと思っています。

そして、一つのとんがり（山）のてっぺん（山頂）に到達できたからといって、そのときもちろん達成感としては、そこに至る困難性の度合いに応じて喜びを大きく味わうものの、そのことを決して吹聴したり自慢したりするべきものではないと思っています。だから、困難性の大きい岩山などへ登ったからといって、それをなにか高級な登山でもしたかのように思い上がるようなことなどはとんでもない錯覚だと感じています。

どっちにしても、私たち仲間内のやっていること。世界レベルから、いや日本のトップレベルから見たとしてもたかが知れているではありませんか。山や仲間に対する謙虚さをしっかり持っているならば、てんぐになるとか、おごりや威張ることなどは、私たちに無縁なものとなるでしょう。

里山を散歩するだけの人から、岩山を登ったり、冬山に入ったりする人など、いろいろな人たちがいて、その全体が醸し出すなんともいえない山の恵みの豊かさ、温かさ、居心地のよさ。「だから、『みのハイク』からは離れられないのさ」、そんな至上のクラブづくりへ向かって気持ちを集め、限りなく前進をしていきましょう。

○筒香選手に学ぶ

元プロ野球ＤｅＮＡの外野手、筒香嘉智《つつごうよしとも》さんは、１９９1年生まれで和歌山県出身。小さいころからの夢だとも言っていた、メジャー挑戦をかなえ、日本人大リーガーで最も注目される選手の１人です。

そんなスラッガーが「侍ジャパン」で4番を張っていたころ、あるときのインタビューに答えて、少年野球や高校野球を改革する熱いメッセージを発していました。

それは、大阪の少年野球チーム「堺ビッグボーイズ」の野球教室に参加していたときのことです。

子どもたちに野球の楽しさを取り戻してやりたい。いまの指導の仕方《勝つことがすべてで、子どもたちをそこへ追い込む。やることを強制し、選手が考える余地もない。野球がおとなの自己満足になっていないか。おとなが変わらないと子どもたちがつぶれてしまう》を、みんなで掘り下げて考えなくては……

筒香さんは日本の少年野球のあり方に苦言を呈し、それと対照的なドミニカ共和国で実際に見てきた光景を語りました。

ぼくが２０１４年12月に中米のドミニカ共和国を訪れたとき、そのもやもやした思いが吹き飛びました。抜けるような青空の下、でこぼこのグラウンド、ぼろぼろのグラブ、素足でプレーする子どもたちが、なんといきいき楽しげだったことか。『すぐに日本と違うとわかった。指導者と子どもの距離感が違っていた』。監督は子どもを見守り、ミスをしても優しく迎える。試合が終われば意見を聞き話し合う。子どもたちがまぶしく輝いて見えました

野球と登山は違うし、私たちの周りはおとな同士です。でも筒香さんのこの指摘は、前にも書いた「厳しい指導」の弊害と重なるところがあり、共感した次第でした。

登山にも通じるこういうスポーツへの向き合い方が世の中の常識となっていけば、いまや発足当時のことを思うと格段に素晴らしく、充実してきたわが「みのハイク」に、いっそうの磨きがかかるに違いないと確信しました。

○登山道整備

私の所属している山の会「みのハイキングクラブ」は、創設20周年記念事業の一つとして、日頃当たり前のように利用し楽しませてもらっている山の登山道手入れ・整備をして、ささやかなことではあるけれど、社会への貢献、恩返しをしようではないかというわけで、検討を重ねた結果、二つの山域が選定されました。それは瓢ケ岳《ふくべがたけ》と高山《たかやま》です。私もこの事業の推進メンバーの一員として参加することになりました。

瓢ケ岳は美濃市と郡上市の境にある1162・6㍍の、ハイカーにはよく知られたおなじみの山で、高賀三山の一つです。山頂に至るコースは普通6本ほどありますが、一番ポピュラーで登山者

が多いのは、なんといっても「ふくべの森」駐車場から骨ケ平を経て山頂に至るコースでしょう。その他にも、健脚向きには片知山からの縦走や、さらにはこの長い稜線の南東端にある母野洞《はんのぼら》（６１３・７メートル）から瓢ケ岳への大縦走という猛者もたまにはあるでしょう。

ところが、このふくべの森コースの中間点である骨ケ平から右折して片知山方面に向かうコースの、特に南岳（１０８６メートル見晴台）までの約３００メートル部分に近年丈余のネマガリタケが密生し足を踏み入れるのにとても躊躇する状況になってきていました。

私たちは２０１４年5月17日、クラブの事業として20人が参加し、地元の積極的な同意も得て、草刈り機やなた、鎌、のこぎりなどを動員、人海戦術でここを整備しました。作業終了後参加者は一様に、何かいいことをやったような、喜ばしい満足感に満たされました。この事業は、この後の高山も含めて、1回こっきりのことで終わることなく、継続して取り組んでいくことになっています。

みのハイキングクラブの登山道整備記念写真

○お薦めの山　高山 別称・湯の洞山（５０４ｍ）

登山道整備で取り組んだもう一つの山が、美濃市立花地区にあるこの高山です。ガイドブックに載っていたのを見たことがないくらい、これまでこの山は知られていませんでしたが、とてもいい山です。

美濃市街地の少し高い場所からなら、どこからでも望めますが、国道156号で美濃から郡上に向かうところにある「美濃にわか茶屋」や、新・旧の美濃橋辺りから北北東を見ると、ちょうど長良川と板取川の合流地点にあたるところに、ドカーンと正面に立ちはだかるように立っている、よく目立つ立派な山が見えます。それが高山です。誰でも見誤ることはないでしょう。それくらいですから、山頂からの眺望も抜群です。

○山名「高山」の由来と根拠

明治政府が江戸時代の村を再編成し、武儀郡立花村となったのが明治7年ですが、その頃に作成された字絵図《あざえず》「立花村全図」（第8大区14小区）を私も拝見しましたが、その絵図でこの山が「高山」となっており、地元ではこの山名にこだわり、大切にしておられます。

一方で、湯の洞山と呼ばれていたことも今までにはあります。これは山頂直下に湯の洞温泉があり、そこに至る谷筋（洞）をもちろん今でも湯の洞ということから、もっともな成り行きの山名になったものでしょう。その他にも、かなり昔のことですが、私が山名を知ろうとして地元遠近の住民に尋ねたところでは、「岩苔山《いわごけやま》」とか「だいやま」とかの名も返ってきたことがあります。こういう例は、山名に関してよくあることでもあります。

さて、この山に登るルートですが、一番手近なのは湯の洞コースで、湯の洞谷へ入ると間もなく湯の洞谷水路橋（通称めがね橋）があり、それをくぐって間もなくの右側が登山道入口で、案内板が立っています。そこからは一本道で、№6鉄塔（六角堂コースとの合流点で、案内板あり）を経て山頂に至るものです。

ついでよく利用されるのはその六角堂コースです。六角地蔵堂（国重文）へは、湯の洞谷入口からさらに長良川上流へ３００メートルほど進むと左側の少し高みに「立花ふれあいセンター」があります。そこに車を駐車し、さらに歩いて２００メートルほど上流へ行くと六角堂への登り口があります。そこからはおよそ10数分で六角堂に着きます。

高山への登り口はお堂の左側奥で、案内板があります。ここから湯の洞コースとの合流点であるNo.６鉄塔までの山道は、クラブが地元の皆さんに協力して整備したところで、この部分も含め、山頂に至るコース上には何カ所かにクラブで案内板を設置しましたので、迷うことはまずないと思います。

ついでにバリエーションコースも二つほどご紹介しておきましょう。一つは鶴形山から高山への縦走コース、もう一つは母野洞と高山の２山を楽しむコースです。

鶴形山（３５７・１メートル）は、立花のすぐ北隣の須原地区にある洲原《すはら》神社の山です。洲原神社はブッポウソウの繁殖地としても知られていますが、白山信仰ゆかりの神社でもあります。白山山頂の白山神社を本宮、白鳥の長滝《ながたき》神社を中宮、洲原神社を前宮《さきみや》とし、この３社を中心として栄えたのが美濃側の白山信仰で、このコースは加賀、越前、美濃という古くからの禅定道の一つでした。

この洲原神社に鶴形山登山案内の大きな看板があり、駐車もできます。山頂の位置は神社の西側にあたります。

鶴形山から高山への縦走は、だいたいが尾根通しで、地形図を読みながらかすかな踏み跡を拾いつつ……ということになります。最近はこのコースを歩く人も多少あり、赤布が付けてあったりします。

もう一つのコースは、高山と、瓢ケ岳～片知山～の主稜線南東端にある三角点峰「母野洞《はんのぼら》」とを同時に楽しむというものです。高山に登頂した後、少し戻ったところにクラブで付けた、母野洞方面への案内板があります。そこから地形図をも読みながら３９７メートルの峠を越えて北上、標高差約２１７メートル、水平距離約１キロということです。

峠からの直登はヤブもなくて可能ですが、帰路は二通りあります。一つは来た道を戻るルート。別のルートは母野洞から東進し、長良川鉄道の母野駅へ下るというものです。こちらは明瞭な道がないため、正確な地図読みと地形判断、さらに長良川鉄道は本数が少ないため、下山後の交通手段対策が求められます。

○別記

若いころのことですが、私は現在の美濃市片知野田洞と郡上市美並町母野を結ぶ峠から、一人で早朝から薄暗くなるまで歩き続けたことがありました。野田洞から３９７メートルの峠を越えて高山へ登った後、６１３・６メートルの母野洞から片知山、そして瓢ケ岳も越え、片知谷の源流に至り、片知谷を下って奥板山の集落にたどり着き、わが家に帰ったのです。今のような中美濃林道などはなく、山路を登り下りするしかなかったころのことでした。

（みのハイキングクラブ「会報」12・19号など）

第3章　山を顧みる

感じること学ぶこと

善太郎

○深いよろこび秋の山　2010年の秋に記す

山歩きをしていて気づくのは、四季折々同じ山であってもその表情や肌触りはいつも違うということである。

厳しさの中にも温もりを秘める冬の山、陽光きらめく春の山、開放的な夏の山。それぞれに良さがあって甲乙はつけがたい。でも、もし誰かが私に向かって「中でも一番好きな季節は？」と問うたとしたら、私は少したためらった後に「やっぱり秋だろうなぁ」と答えるに違いない。

秋の山には、私は1年という周期の集約があるように思えてならない。冬の厳しい寒さの中で、じっと耐えながら蓄え育んできた萌芽《ほうが》は、春になると一斉に発芽し開花しはじめる。夏、繚乱《りょうらん》の花々は、次の世代に命をつなげるために、背伸びをして昆虫たちを引き寄せる。そして秋、四季ひと巡りの終着として結実を迎える。木々も紅葉し、落葉してまた次の巡りへと冬支度に入る。

秋、山里では、1年の丹精が実る時期となり、豊作を祈願しつつ刈り取りを迎える。秋祭りは感謝と喜びのうたげとなり、人々は笑顔に包まれ、この季節が締めくくられる。

昨秋、私はどんな山を歩いていたのだったろうか。あまり多くはなかったが、主なものでは9月下旬の初秋に少し遠出をして九州や中国地方の山々を歩いた。10月に入ってからは、板取の蕪山《かぶらやま》、京都の皆子山《みなごやま》、越美国境の屏風山、飛騨のせせらぎ街道西ウレ峠付近の探訪などをした。11月に入ると地元の瓢ケ岳、晩秋になってからは坂内のトガス（神ヶ岳）、板取の楢木《ならき》（板取富士）などにも登った。

初冬間近の山は寂《せき》の美となっていた。

瓢ケ岳では、山麓辺りはまだ紅葉真っ盛りであったが、中腹ではもう落葉が始まっていた。そして上部はほとんど枯葉といった具合だった。山道は、高級な絨毯《じゅうたん》や緞通《だんつう》のように分厚く落ち葉が敷き詰められていて、その上をカサコソと踏み鳴らしながら私は歩いた。赤いのはモミジやマルバ、ヤマウルシ。黄色いのはシロモジの葉だ。私はバージンロードを腕を組んで進む新郎・新婦の気分はこんなんではないかなとふと思った。ドウダンの赤も実に鮮やかだ。

やがて山全体にもやがかかり、上部はぼんやりとしか見えない。雨風が少し吹き始めた。また赤いモミジの葉がヒラヒラと舞い降りてくる。木々たちが、満ち足りた喜びをさわさわと囁《ささや》き合っている。足元を見ると、身の丈せいぜい15センチぐらいかと思える小さなマルバの木が、かわいらしい真っ赤な葉を1枚だけつけていた。頼もしい跡継ぎに思わず顔がほころぶ。山頂には若い人が1人登ってきていた。展望はもうほとんど利かなかった。こういうもやの日や雨のときは、他へ気が散らぬために、かえって周りや足元に深くなじめるのかもしれない。

「降ってこないうちに下りようか」。そういって私たちはザックを肩にかけた。

（みのハイキングクラブ「会報」15号）

再読『樹林の山旅』

善太郎

○萬波奥山

この本を、またじっくり読んでみようかなぁと思ったのは、こんなことがきっかけでした。岐阜新聞が創刊131年で、ふるさと再発見シリーズという企画をつくり、その中で「ぎふ峠ものがたり」という特集を組んでいます。この大型写真つき1ページ立ての記事は月1回掲載されていて、2012年8月26日には「万波峠《まんなみ》」が取り上げられました。

私はこの紙面を見たとたん、郷愁を覚えるように『樹林の山旅』を脳裏に思い浮かべていました。万波峠は飛騨の旧宮川村戸谷（現在の飛騨市宮川町戸谷）から入ったところです。今ではもう深いやぶに覆われてしまっているのでしょうが、越中八尾境の白木峰東南麓にあたります。この本では「萬波奥山」として18ページにわたる紀行文で載っていましたので、私の頭の隅に残っていたのでした。

○森本次男さん

『樹林の山旅』は奥美濃の山を歩く者にとっては原典ともいうべき本で、著者の森本次男は京都西京高校教諭で、京都府山岳連盟の前身であった京都山岳協会を創立して初代会長に就き、連盟になってからは副会長を務めました。1899年2月8日生まれ、1965年11月26日に逝去という生涯を送った人です。

著書は多数ですが、この本は1940年12月31日に朋文堂から出されていました。ただ発行部数が少なく、古書市場でもほとんど見ることのない希少本であったため、1978年に関係者の熱望によりサンブライト社から復刻されたのでした。しかしその復刻版も実は限定800部で、現在ではまず入手困難という状況にあります。

私はその限定800部のうち778番というのを、今ではもう30年以上も前に、S先生からお借りして読んだのでしたが、読後すぐにお返しして手元から離れてしまうのが何とも心寂しく、その時全ページをコピーさせてもらいました。それで、今回の再読はそのコピーしておいたものを読んだというわけです。もともとの原本は308ページのものですが、復刻版にはさらに157ページにわたる付録が付けられていて、前出の「萬波奥山」はこの付録部分に入っていたものです。

※この本における「奥美濃」とは、現在の呼称が当てはまる「岐阜県郡上市北部」のことを指すのではありません。そのイメージは、おおよそ北は大日岳から南は伊吹山に到る岐阜県美濃地方（東濃を除く）の山々ということになり、著者は本書の冒頭で「奥美濃は関西の隠れた山岳地帯である」と記しています。

○『樹林の山旅』の概要

さて私は、この本の概要や魅力、その心といったようなものを少しだけでもお伝えできたら……、と思って実はペンを取ったのでしたが、それはとんでもなく不可能なことだということを、いま悟っています。それで、せめて目次だけでも抜き書きしてみようか、と思いました。

天魚の渓谷（釋迦嶺を繞る谷々）
人知らぬ谷々（揖斐川源流の谷々）
國境の峠（美濃峠と遥見）

忘れられた山々（五蛇池山と蕎麥粒山）
漂泊の山旅人（徳山谷と檜尾峠）
親子巡禮（船伏山）
黄蘗の村（不動山と千回澤山）
森林彷徨（貝月山を繞る）
岩壁の回廊（板取川浦谷）
芒の峠（白鳥から板取へ）
泯びゆく峠（国見峠）
水上の村々（温見と大河原）
陰翳深き山上の沼（夜叉ヶ池）
傳説の高原（平家ヶ平の雪）
白銀の山稜（春の冠山・若丸山）
白き山脈（雪の能郷白山）
雪の石徹白高原（春の石徹白）
奥美濃の足跡（奥美濃小登山史）
付録には
座談会『樹林の山旅』をめぐって
樹林の山旅 解題
『樹林の山旅』以前

『樹林の山旅』カバー

『樹林の山旅』の背景
『樹林の山旅』について
『樹林の山旅』以後
資料、続・樹林の山旅
奥美濃の山路
萬波奥山
初春の平家岳
補遺・その後の奥美濃に関して
絶筆『白川郷の旅』
付記　森本次男追憶
森本次男主要著書、森本次男略年譜

○各山行の構成と内容

一山行ごとの紀行文には、末尾に時間記録も付されていて、当時の山岳愛好家にとっては誠に好都合な山旅の案内書になったことだろうと推察されます。奥美濃山行の最も頻繁《ひんぱん》に行われたのは戦前で、30歳代の終わりごろ、年代でいえば１９３７～38（昭和12～13）年の前後であったようです。

それ以前は、関西岳人のホームグラウンドとでもいうべき京都北山や丹波高原に足繁く通っていたようです。さらにもっと若いころには、岩や氷、ザイル・ピッケルといった山登りもされていたに違いないことは、この本の全体を通して十分感じられるところです。

『樹林の山脈』の文章は、主として当時の奥美濃の山や谷、峠などに分け入ったときの探検的というか、冒険的ともいえそうなほどの紀行文なのですが、行程中の風景とか自然状況の描写だけでなく、1遍ごとの冒頭には、山旅人としての心を描いたようなエッセーが載せられています。これがまた何ともいえない味わいのあるもので、しかも楽しく、文学的紀行となっています。

例えば「黄蘗の村（不動山と千回澤山）」の項では、徳山村の門入で泊まった宿屋のエピソードをこんな具合に記しています。

この侘しい部落に一軒ある宿屋を大瀧屋と云った。不思議に山間部落の宿屋は寡婦の家が多い。この宿の主人も五六年前死んで、今はかなり年配の寡婦が主人である。みづから稱しておたすけ宿と寡婦は云ったが、宿帳を見ると、なるほど宿泊料を支拂わずに歸って行った旅人も何人か見える。宿はきたなく布團は冷たく薄い。だが豊富なアメノウオの鹽焼もあれば村醪もある。陽気な寡婦は客の爐端の酒席にまじって、この谷の民謡サンヨレ節を良い声で唄ってくれた。珍しい都の旅人の話しを聞きに古風な手提げ行燈をさげて村の人達が爐端へ来ていた。洋燈は暗く夜は静かだが、聞く話聞かせる話、この部落の夜も楽しいものであった。

「水上の村々（溫見と大河原）」の項では、大河原の老婆が、ここ大河原を通り蠅帽子《はえぼうし》峠を越えた水戸・天狗党の武田耕雲斉を見た、「その時の姿が今も目に浮かぶ……」といった話も出てきます。

足跡のコースとしては、例えば「春の冠山・若丸山」の場合だと、1日目は、京都・福井から大野へは電車、大野から中島までバス、中島からは歩いて温見へ（泊）。2日目は、温見から飯盛山《いいもりやま》（1201・9㍍）～若丸山～冠山～河内へ（泊）。3日目は、河内～稲荷、稲荷からはバスで福井へ。という3日がかり、しかもスキーを付けたり担いだりの強行軍でした。

「人知らぬ谷々（揖斐川源流の谷々）」では、門入から入り、揖斐川の三つの支流中全部を通じて最悪の谷で、いまだかつて人が誰も入ったことがないという金ケ丸谷を遡行して三周ケ岳へ、この日は3人パーティーで登っています。

○奥美濃の山々の良さとは

このような探検的で冒険的ともいえる山行をする動機や心の動きはどのようなものだったのでしょうか。著者はあとがきでこうのべています。

……一言付加すれば、私が此の山地へ好んで入る理由である。私は私の過去の山旅の経験からしていずれの山をも愛して居る。だがとりわけ此の山地を私が好む理由は、この山が日本的な山であるからである。山が人間と関係する場合は、見る場合もあらうし、其の中に生活する場合もある。いづれにしても吾々の祖先の関係して來た山は岩と氷の山ではなかった。吾々の祖先は樹林の山に棲んでいたのだ。樹林の山を見て來たのだ。

私はこうした山旅をしながら祖先の息吹を感じるような氣がする。そしてほんとうに日本の山に入ったと云う氣がするのである。

そして殆ど人間を知らないような山地で、ひどい難渋をしながらも何か安心と云う様なものを感じて居るのである。そして此處へ入ることによって文化の發達に災いされて人間が失って來たもの、人間の原型として持って居なければならないにもかかわらず失ってしまったものを取り戻した様な氣持ちになるのである。こう云う點で私は此の山地を好んで居る。……

○『樹林の山旅』の心に触れ

「森林彷徨」では「……この静かな山旅、静観的といふか、風景に歩み入るといふか、山を歩いてゐること丶、自分の心の中を歩いてゐることが半分半分になった山旅を、私は、この樹林の山々に度々續けて來た。……」とも述べています。

ちょうど私がこの本を読んでいる最中に、M氏から県内外のいくつかの山の紹介とお誘いがありました。大部分は私の知らない、登ったことのない山でした。考えてみると、私はこれまで、案内書に載っているような山ばかりを登ってきたような気がします。「ブランド志向のピークハンター（山頂稼ぎ）」と言われても仕方がないか、と思っています。

もはや、今ではもう日本の山に未踏峰などありませんが、それでも隠れた名山、ひっそりとした静かな山、遠望して目についた山、何となくずーっと気になっている山、そういう山を見定め、登路を思案し、期待と少しの不安も抱きながら実際に登ってみる……。そういう登山の源流に触れるような山登りをどれだけしてきただろうかと、振り返っています。

これからは、もっともっとそんな山へも、そしてそんな登り方をもしていきたいものだと思っています。これこそが「樹林の山旅」の心に触れられる山登りであるような気がしてなりません。わが『ぎふ１００山』編さんの原動力もその辺にあったに違いありません。
自分の山、自分たちの山、自分たちの山登りへ向けて、一層精進していきたいものだと私は願っています。

（みのハイキングクラブ「会報」18号）

第4章　老境に入り

高賀三山・六社一観音を巡る旅

2014年11月　善太郎

○高賀山信仰の源流を訪ねる

2014年秋、紅葉もたけなわの1日。私たちは郡上市美並町に拠点を置く「六社一観音めぐり連絡協議会」の呼びかけに飛びつき、胸膨らませてこの旅に参加させていただいた。

六社とは、郡上市にある星宮神社、新宮神社、本宮神社、関市地内にある高賀神社、そして美濃市地内となる瀧神社、金峰《きんぷ》神社で、一観音は関市の白谷《しらたに》観音です。六社に加えてなぜ一観音としてめぐるのか、という点については、星宮神社の解説によると、「白谷観音堂は十一面観音菩薩を祀《まつ》るが、行者道を経て高賀神社の氏子と合流して高賀山へ登っているので、平成22年より『六社一観音めぐり』として巡拝している」とあります。

新宮神社の由来はこのようになっています。

郡上、武儀の境にそびえる高賀山（1224メートル）と瓢ケ岳（1163メートル）の両霊山を中心に、中世の頃より高賀権現信仰と呼ばれる山岳信仰が生まれた。すなわちこの両山を中心にいわゆる六社が建立せられ、平安時代の末期より鎌倉時代にかけて、特殊な信仰形態をとりながら、広く民

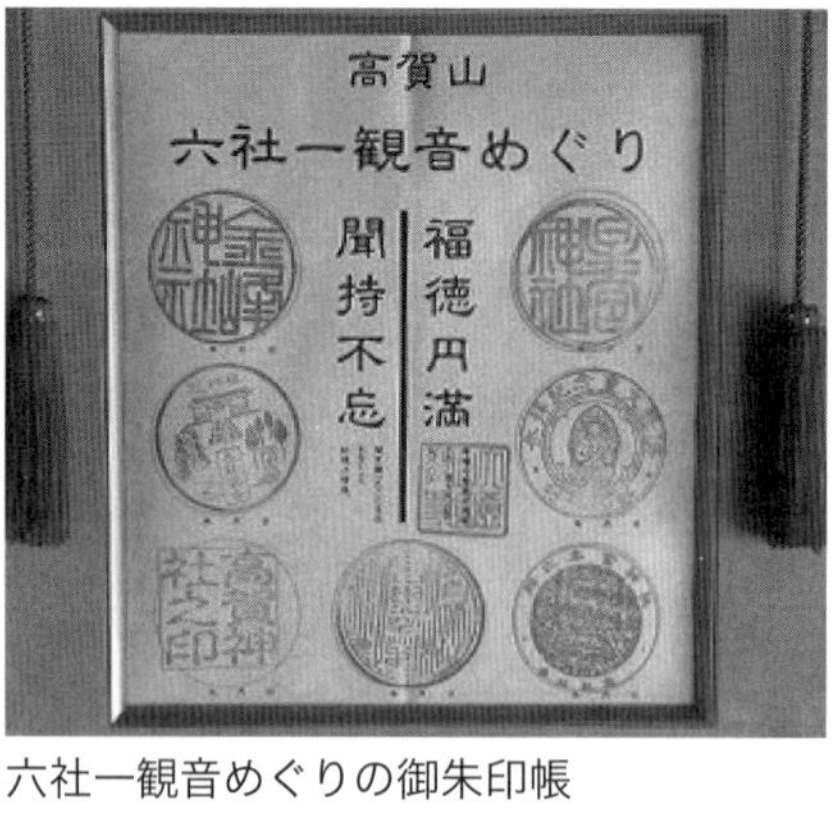

六社一観音めぐりの御朱印帳

家の信仰をあつめてきた。当社もこの一つであり、うっ蒼としげった幾抱えもある老杉の社叢（天然記念物指定）はひときわ神厳の度を深め、当社が所蔵する宝物＝一千二百余点（いずれも重要文化財的価値のある逸品）は往昔の信仰形態とその隆盛を今に伝え、とくに神社に仏像を本尊としてまつり、明治以前の神仏習合の形を今に残している点においても非常に貴重な資料となっている……

また、高賀三山といえば私たちは普通高賀山、瓢ケ岳、今淵ケ岳《いまふちがだけ》の三山と理解していますが、やはり星宮神社でのその解説にはこう書かれています。

高賀山（1224メートル）、瓢ケ岳（1163メートル）。南岳（1087メートル）と連なる三峰は早くから霊山として山岳信仰の対象であった。三峰の山麓を取り囲むように、いわゆる高賀六社、すなわち那比《なび》本宮神社、新宮神社、星宮神社、高賀神社、金峰神社、瀧神社が営まれてきたが、各社の縁起では、瓢ケ岳の妖魔を、帝の命を受けた藤原高光が虚空蔵菩薩のご加護によって退治したことに感謝して、山の周囲6カ所に神社を祭ったのが始まりとされている。

近世になってこの六社を巡拝し虚空蔵菩薩のご加護を祈願する『六社めぐり』が盛んに行われるようになり、人々の信仰を集めることとなった。

これは白山信仰の修験者に端を発した「めぐる信仰」で、江戸時代から昭和初期までは盛んに行われ、円空上人もこれを行ったとの資料も残されているという。

○星宮神社の言い伝え

さらに星宮神社の由緒「瓢ケ岳と鬼退治伝説」でも南岳が出てくるのですが、少々煩雑ながらその部分をも再録してみます。

天暦（９４７年頃）西の岳に妖鬼が住み、その姿は牛のようで声も牛に似ていて、人々を悩ませていた。このことを都の帝に申し上げると、藤原高光を妖鬼退治に遣わされた。高光は大岳に登りこれを退治して都へ帰った。しかし、妖鬼の亡魂が山頂に留まり、夏に霜を降らせ五穀を枯らすなど人々を苦しめたので、重ねて都へ申し上げると、再び高光を派遣された。しかし妖鬼の亡魂は近くでは雉の声を発し、遠くではホトトギスの声で鳴き、あちこちを飛び回るので容易に退治することができなかった。

高光が虚空蔵菩薩に亡魂退治を祈るとお告げがあり、南の岳で待った。すると身の丈一丈（約３メートル《メートル》）程の大きな鳥（夜叉）が高光めがけて襲い掛かってきたところを、蕪矢を命中させて射落とすことができた。

高光は大鳥の首を雁俣の矢でかき切って死骸を焼き、その場所を骨が原というようになった。山は鎮まり、福部が岳（禅定が峯ともいう）と名付けられ、弓を納めた宮を高光の『高』の字をとって高賀山星宮粥川《かゆ》寺（明治１２２年に星宮神社と改称）といい、虚空蔵菩薩をお祀りした。矢は滝に納めたので「矢納めの滝」といい、その淵を「矢納ヶ淵」というようになった。そして麓に六社を建て、虚空蔵菩薩を祀ったのである。

なお、星宮神社には神の使いとしてのうなぎにまつわる伝承が残されています。

藤原高光が妖鬼退治のため山に分け入り、道に迷ったとき、虚空蔵菩薩の使いと言われるうなぎの道案内で山頂（南の岳）に着くことができた。高光はうなぎを矢納ヶ淵に放ち、神のお使いだから大切にするように命じたという。以来、今日に至るまで粥川の人々はうなぎを大切に守り続けている。大正12年12月『うなぎ棲息地』として国の天然記念物に指定された。うなぎは夜行性で夜間に限って行動するものであるが、この川では昼間でも姿を見せることがあり、世界的にも大変珍しいことである。地元の人たちは、現在でもうなぎを大切にし、一切食べないという禁忌を守っている。

拝観できた宝物の中には国重文のものも数多くあり、中でも大般若経や金銅虚空蔵菩薩座像、二百四十七面に及ぶ懸仏《かけぼとけ》などには目を見張るものがありました。懸仏は最大60チセンから最小5チセンまでのものがあり、これらは鎌倉時代の初期から室町時代末期に至る間に修験者によって奉納されたもののことでした。また県指定の重文も多数に及び、木造彫刻群では神像、仏像、菩薩像、狛犬、龍頭、獅子頭などは素朴な姿を残しているものもありますが、長年の風雪にかなり腐食や破損をしている宝物もありました。いずれも藤原王朝の特色を残した鎌倉初期の作だとのことでした。

瓢ケ岳の鬼退治伝説については、わがクラブ選定90山の中の「若葉コース30山」冒頭にある「瓢ケ岳」のガイドの中でも担当のM氏が触れていますように、高賀三山にまつわる伝説として広く知られています。今度のこの「めぐる旅」は、この高賀信仰を風化させないために、関係神社氏子らが連絡協議会を立ち上げ「六社一観音めぐり」として始めたもので、今年は6回目ということでした。それぞれの神社、観音様ごとに地元の氏子による解説や由緒などの説明があり、普段は拝観することのできない宝物殿も開いて見せてもらえました。

今回の参加者は全部で55人、その他に現地で待機していてお話をしてくださった氏子のみなさんや、接待してくださった地元の方々も含めると、100人近い人たちでの行動になり、マイクロバスは3台チャーターしました。「めぐる旅」は、関係者のご努力で、今後も続けられてゆくものと思われます。

少なくとも県内の私たちのようなハイカーで、高賀山や瓢ケ岳に登らぬ人はまずなかろうと思います。ぜひこの「めぐる旅」にも多くの方が参加し、地元関係者の方々の熱意とご努力を支えることができればと私は願っています。

（みのハイキングクラブ「会報」21号）

身の回りのことあれこれ

二〇一六年　私の夏

浅子

全て変てこりん

この年の夏は、お天気が変てこりんなら、私の体調も変てこりん。だから山も変てこりん、という年になってしまいました。

まずはその天変地異から。それは4月中旬の熊本地震に始まったといっていいのではないでしょうか。震度6弱以上が7回、そのうち最大震度7が2回もありました。その後も余震がまたか、まだかと続き、それはなんと6月下旬近くまで2カ月以上に及びました。震度3以上では401回を数えたと気象庁の資料は示しています。しかしそれでは終わらず、その後の大雨がこれでもかこれでもかと降り続き、九州の人たちを痛め続けました。

この後、日本列島へ襲いかかってきたのが猛暑でした。西日本には高温注意情報が繰り返し出され、私が住む街でも最高日は37・9度という、やけどしないかというほどの高温に見舞われました。体も頭もどうにかなってしまうのではないかしらと実際感じたものでした。

そして梅雨入り。末期の豪雨はいつもお決まりのパターンですが、この年は少しスタイルが違っていました。九州から中国、そして関西まで来たかと思うと、今度は中部を飛び越えて関東、東北、そして北海道で大暴れです。それが断続的に続きました。その極めつきはあの迷走台風10号です。

観測史上珍しいといわれたあの台風は、これも史上初めて東北に上陸したかと思うと、暴れに暴れ、ついに「北海道・東北豪雨」となって大災害をもたらしました。それは8月31日のことでした。その同じ日、熊本でまたもや震度5弱の強い地震があり、専門家が「これは春の熊本地震と関連がある……」と述べていました。

台風の東北上陸といえば、これもまた史上初で北海道へも台風は上陸をしたのでした。異常気象というこの背景には、温暖化があるに違いありません。地球の温暖化は、18世紀半ばからの産業革命に始まったともいわれていますが、いまや、いよいよそれが土壇場に来ているように思えます。

熊本や九州の人たちは

「大変やなぁ」と思っているころ、私はなんとなく風邪っぽいような、気だるいような、妙な体調の変化を感じ始めていました。それで「これはほっといたらあかん」と思い、近くの医者に診てもらいました。するとそのお医者さまのおっしゃるには「これはコバエのせいですよ！　大勢の方がこれで診てもらいに来てますよ」とのこと。意外な見立てに驚きました。一応薬などをもらいましたが、それですっきりするわけでもなく、変調は長く続きました。

きっと歳のせいもあってのことかな……、と考えながら、でも、もう一つはこの変てこりんな気象という背景が体調に影響していないはずはなかろうと、思ったりもしました。しかし、そんなことを考えたりしているだけではらちが明きません。

そこで山です

あまり自信はなかったけれど、「よし！」と気合いを入れてクラブへ申し込んだのが7月3日の赤《あか》兎山《うさぎやま》と7月22日からの尾瀬でした。ところが赤兎山は雨で中止となり、実はホッとしたのでした。

次は尾瀬。尾瀬にはこれまでに4回行っていて、そのうちの2回は雪のたっぷりあるとき、あと1回はクラブの5周年記念の登山のとき、もう1回は弟妹との紅葉の尾瀬でした。懐かしさもあって、行けたらまた行ってみようかな……、と思って申し込んだのでしたが、ぎりぎりまで体力回復に努めたものの、どうにもまだいまひとつで、出発当日の朝になって、リーダーさんに「ドタキャン」のお電話をした次第でした。内心は情けないやら申し訳ないやらでガックリでした。夫が計画していた7月末からの南アルプスも、もちろんまだ自信がなかったのですが、これも悪天などで中止になり、体調的にはこれもやはりホッとしたのでした。

山へは行きたいけれど体調が許さず……、で、少々欲求不満気味だった私は、夫と相談し、楽をして山を味わえるところへ……、と思い、その後バスで乗鞍岳へ、そしてドライブウエーで伊吹山へ行き、近くは明王山《みょうおうざん》にも行ったりして少しだけは楽しみました。

木曽駒・三ノ沢に復活を懸ける！

体調がどうのこうので、自分を甘えさせているのかも……、と考え、クラブで9月10日から11日に計画されていた中央アルプスの木曽駒ケ岳・三ノ沢岳1泊2日に申し込みました。ここで、これまでのグズグズに区切りを付け、少し歳はとってきたけれど、また以前までの登山者、ハイカーに復活するぞ！と腹をくくったのでした。

ところがなんと、この木曽駒・三ノ沢も、悪天予想で中止になってしまったのでした。ウ～ン、またしても……、なんという不運。でも内心少しはホッとしたのでもありました。夫の方は、この間に富士山へ行くなどして何とか気を紛らせていたようですが、この私は……。

そこで夫とまた相談。「お天気をにらんで日帰りで木曽駒へ行って来ようよ！あそこだけなら何とか楽ちんで行けるやろうで！」となり、9月8日決行で即決。それを決めたのは7日の夜のことでした。

「ロープウエーで上がって、ただ駒ケ岳をピストンではちょっとせんがないなぁ～。三ノ沢へは行かんにしても、宝剣岳《ほうけんだけ》を超えて極楽平からロープウエー駅へ降りてみようか……」と夫が言うので、「そうか、ふ～ん」と答えて宝剣岳への登りにかかったのですが、ルートは昔と少し違っていて、山頂を目前にした岩場がなかなか大変そうに思えました。「やっぱり無理して頑張らんとおこうよ！　年寄りやで、事故ったらあかんで……」と私が言い、また戻って登りに使ったあの急勾配のガラガラ道を慎重に下り、ロープウエー駅に到着しました。

「よし、これでハイカー復活を成し遂げたぞ！」。そう自分に宣言して私はこの不調だった夏に終止符を打ちました。

○もう一度鍛え直す　善太郎

スロージョギングを再開しました

人間、60歳代というのは、誰でも自認するように第2の青春時代でありチャレンジ世代ともいわれているようです。

では70歳代は？　というと、まだ60歳代のころの余韻もあって少なくともその半ばころまでは「なにくそ！　まだまだ！」といった気概も持てます。ぼくが6千メートル峰を2座（縦走ではなく別の山）登るという登山隊への参加を決意したのもその頃でした。

「でも、80歳代となってくるとどうなのかな……？」。これには個人差というものがあるかもしれません。ぼくは2018年の3月には84歳。自分の健康度を中の下と認識しています。

衝撃の連鎖はじまる

2017年に入ってからのぼくは、この「弱くなった自分」というものに随分と気づかされることになりました。

最初の衝撃は2月の伊吹山でした。この時はAとBの2班という編成で、ぼくはB班になりました。その時も弱い者はリーダーや班長のすぐ後ろに付くのがいい……という、よく行われる体制に自然になっていったものか、ぼくが意識してそのようにしたものか、はっきりしませんが、ぼくは班長の2番手で登高していくことになりました。

ところが登り始めて間もなく、ぼくは体力的にどうにも力が出せなくて、班全体が遅れに遅れることとなり、結局A班は登頂できたのに、B班はぼくのせいで不登頂という結果になってしまったのでした。

そして続く第2の衝撃、それは伊吹山からまだ間もない1週間後に実施された伊那谷の傘山《からかさやま》でした。この時は、最後尾で登ることができるようにしてもらえました。なのに、やはりこの時もまた力が出せなくなって、皆さんが登頂された後、しばらくたってからの山頂到達になってしまいました。「いったいどうしたんだろう……？　もうみんなとは一緒に登れない体になってしまったのだろうか……」。実は考えてみると、その一因には降圧剤の服用があるに違いない、と気づいたのでした。

寒い時期になると、ぼくの血圧は上が140から150くらいになることがあります。それで最近になり、ぼくの体のことをよく理解してくれている医師の勧めで、降圧剤を飲むようにしていたのです。力が出せなかったのはそのせいに違いないと判断。この年だったら140~150などは、それほど高い方ではないだろう。「週刊現代」の記事も参考にし、自己判断で服用をやめてしまいました(その後、それを医師にも宣言)。

筋肉痛の原因

でもこの衝撃は、この先まだまだ変化して続いていくことになりました。8月になってからすぐでしたが、白山に登りました。夫婦2人だけなので、ゆったり登山ができ、普通の人なら日帰りもできるのに、1泊2日にし、お天気もまあまあで、花もたくさん見られてそれはそれは楽しかったのでした。

ところが、帰ってきてから後の2、3日、ふくらはぎと大腿《だいたい》四頭筋がパンパンになり、まともな格好では歩けないほどの痛みが出てしまいました。こんなことは生まれて初めてのことでした。伊吹山の翌日でも、もちろんこんなことはありませんでした。

「これは大変!」と、よくよく考えてみました。つまりこれは筋肉痛なのだ。筋肉痛は冷やすのがいいのだ。ところがぼくは、白山を下ってからクールダウンもしないで、勝山市まで来てからお風呂に入りました。それもぼくは、熱い熱い風呂に長々と入っていたのです。「分かった分かった。これだこれだ!」と気がついたのです。

その後9月に入ってから、ぼくは富士山に行き、5合目から剣ケ峰への日帰りピストンで10時間半(休憩含む)歩きましたが、直後に入ったお風呂では、湯船に漬からず、体を洗ってからは両足にしっかり水をかけて冷やしました。そしたら見事、翌日になっても足は何の痛みも感じませんでした。

でもでも、これはまた別の内容なのですが、白山が終わってまもなくの8月中旬、北ア乗鞍岳の近くにある十石山へ。これはクラブの自主山行で行きました。この山は前々からぼくの気にしていた山で、未踏だったので参加させていただきました。結果は、あまり迷惑もかけず、恥もかかずに行っては来られました。でも、正直かなりきつかったのです。「これが今のぼくの体力なのかなぁ、実力なのかなぁ」とつくづく思い知らされました。

ぼくのこれまでの体力維持・トレーニング

ここ2年ぐらい前までは、山へ登り続けられるための体力トレーニング、「それは山そのものへ絶えず登ることだ！」と信じ、山のないときは岐阜市の長良橋下右岸にあるリバーサイドパークで、ストレッチをしたり、「高橋尚子ロード」を走ったりしていました。

ずっと以前、42・195キロのフルマラソンに3回出たときは、普通のランニングでした。それが70歳代に入るころからは、ジョギングにし、70歳代も半ばを過ぎてからはスロージョギングにしました。

スロージョギングは、普通にさっさと歩く人より速度としては遅いくらいのものなのですが、でもこれが、歩くのとは全然違って体力維持や健康にとても良いことが知られています。それを1、2時間やった後、金華山の馬の背コースをピストンしていました。そのトレーニングは、それはそれでいいことだと思っていましたが、人体の筋肉というのはたくさんあって（骨格筋は222種類もあるとか）、ぼくのこれまでのトレーニングでは使われていない重要な筋肉があり、それは年齢とともにどんどん衰えていくのだということに気づきました。

ジムで筋トレを始める

そこでジム通いを始めました。通うといってもせいぜい週1回程度しか行けません。週1では「やらないよりマシ」程度でしょうが、それぐらいしか時間がつくれませんし、長続きのためにはこれくらいがいい……と。だからジムでは1回につき、マットでのストレッチを含め2、3時間、マシンは11種、ゆったりと、でもしっかりやるようにしています。

これがあって、尚子ロードでのスロージョギングや馬の背ピストンは、行けなくなってしまったのでした。でも、今年に入ってから次々起こった衝撃から、心肺機能の衰えも気づかされ、やっぱりあのスロージョギングや馬の背も大事なんだと悟りました。

急いだためのまたまた失敗

まだ8月の下旬でした。思い立ったが吉日と、まずは近場で2日間スロージョギングをしてみました「昔取ったきねづか」です。そしたらなんと、右膝に痛みが出てきました。ええっ？　膝痛といったって、大腿四頭筋は人一倍鍛えているつもりだし、膝周辺の筋肉もジムでも家でも鍛えているから、膝痛とは無縁のはずだが……、とは思いながらも、念のためにと整形外科へ行って診てもらいました。

そしたらなんと、膝に水がたまっているということで、それを抜いてくれましたが、医者も看護師も驚いたほど大量に出てきたのでした。

その後の調べで左膝も悪くなっていることが分かり、ヒアルロン酸の注射という治療が始まりました。クラブ山行の木曽駒・宝剣へ登ったのはちょうどその頃でした。

急がば回れ

診てもらっているのはスポーツドクターなので、なにかとアドバイスをしてもらっています。つまりそれは、ヒアルロン酸の注射を打てば直るというものではなく、それは軟骨への補助であり、併せて大腿四頭筋やハムストリングス、膝の周りの筋肉を鍛えるということなどによって、痛みを感じない膝がつくれるのだ、ということのようです。

「目標があるんでしょう？ 何？ 富士山へ行ってきた。だったら筋トレもしっかりやりなさい！」と。ジョギングも今までやっていたのならやっていいですと。だからぼくは時間がない、そんなに日にちがとれないなどと弱音を吐かず、山にも登り筋トレもやり、ジョギングの方も、膝さまのご機嫌を伺いつつ、まずは少しずつ少しずつという具合に、２０１８年10月から再開し始めたわけです。

以上が、だいぶ弱くなってきた、現在のぼくの実像です。

○山が私の孫　浅子

孫はかわいいと……

「孫はかわいい」と世間の人は誰でもいいます。目に入れても痛くないとか、食べてしまいたいくらいとか、なんとかかんとか……。

私はそして私たち夫婦は、「そういうものかなぁ、そうなんだろうなぁ」と想像し、共感しています。でも、これは負け惜しみかもしれませんが、私たちには孫がいないために、「おばあちゃん」とか「おじいちゃん」などと呼ばれることは、めったにもなにもありません。ですから「ずいぶん歳とったなぁ」などと老化を意識して嘆くようなこともあまりありません。

普段の暮らしの中でもやりたいことが次々と出てきて、それに追っかけられたり追い込んでいったりで、何もたいしたことはやれていないのですが、なんとなく多忙で充実した日々を過ごしています。

そういう中の大好きで楽しいことの一つに山歩きがあります。最近はだいぶ体力も落ちてきて、厳しい山やきつい山は避けるようになり、軽いハイキングばかりになってきてはいるのですが、自然の中を歩く喜び、体を使ううれしさが10日もないと、なんだかむずむずしてくるように感じます。山が私にとっては孫になるのかもしれません。

近年になって地球温暖化の進行による異常気象がますます顕著になってきたように思われ、せっかく計画を立てていたのに山へ行けなくなってしまうことが頻繁にあります。それでも、昨年(2018年)も少しだけですが山歩きができました。それを以下に書き出してみます。

1月　2日松鞍山　3日天王山　5日金華山　8日米田白山・御殿山　17日伊江島の城山
　　26日明王山・迫間城跡　28日鳩吹山
2月　19日寧比曽岳・筈ケ岳《はずがたけ》　24日明王山・城山
3月　15日米田白山
4月　16日伊吹山　20日誕生山
5月　2日東殿山　11日天王山　14日取立山　20日陣馬山
6月　1日松鞍山　4日瓢ケ岳　15日天蓋山　18日吉野ヶ岳　23日金華山　29日明王山・城山
7月　2日賤ヶ岳　6日金華山　20日乗鞍岳
8月　3、4日白山　13日伊吹山　24日明王山
9月　13日天王山　21日富士山6合目
10月　1日天蓋山　12日天王山　20日天王山　27日三方岩岳
11月　2日金華山　5日籾糠山　9日瓢ケ岳　13日山王山・まるまる山・松尾山(その後年内に数回)
　　19日網掛山

12月　3日タカネ・高賀山　23日鳩吹山

「山が私の孫かも」とは言っても、本当の孫だとだんだん成長して大きくなっていくものでしょうが、私の孫はだんだん低く小さくなっていきつつあります。だけど、小さな山だからかわいいし、それは大きな大自然につながっているのだと思っています。

自然の息吹に触れ、体で感ずるうれしさ、喜びは何ものにも代え難い気がします。私たち人間も大自然の中から生まれ、そしてまた大自然の中へ返って行くものなのでしょう。

生きている限り、自然に触れて生きられることに感謝し続けていこうと思っているこの頃です。

錦秋の1日、いえ2日です

２０１８年10月25日。この日は私の満85歳の誕生日でした。

このころになると、５年という区切りが、ちょっとした節目のように思えます。何というか、「ここまでは来たなぁ……」とでもいうような感じです。八十路の坂というけれど、確かにだいぶ急傾斜、「少しきつくなってきたなあ」といったところです。

「どっか近いところでもいいから、記念日らしく遊びに行きたいね」と夫とも相談していました。「紅葉は平地だとまだ早いし、高いところだと登山か」、「でもあんまり頑張らないで、楽に行けるところがいいね」。「問題はお天気さ」、「そうね」などと話し合っていました。10月20日ごろの天気予報を見ていたら、25日は木曜日で、その前後の日に比べ一番いい日、ピッカピカの晴天日となっているではありませんか。「よし行き先を考えよう！」。

そうして決めたのが新穂高のロープウエーでした。「上へ上がればいい紅葉になってるに違いない。上の駅辺りでのんびり遊んでこようよ」、「それにしても日帰りではちょっとこぜわしすぎるね。お泊まりにしようよ」、「よしよし」というわけで、夕方までには下へ下りてと考え栃尾温泉に予約を入れました。

こうなると気持ちもゆったりのんびりで、朝も6時をだいぶ過ぎてからの出発という具合です。ゴンドラが上の「西穂高口駅」へ着いたのは朝の10時ごろでした。久方ぶりに樹林帯の上からの山岳を眺め、「もう長い間高山には行ってないんだなあ」という感慨が胸にこみ上げてきました。ウイークデーだというのに、なかなかの人出です。「このお天気と紅葉をみんな狙ってきたのだな」と思いました。

駅のレストランでちょっと早めの昼食をしたり、周囲をぶらついたりはしたものの、そこは登山を少しはしてきた私たち、『西穂山荘』までハイキングしてみようか」となって登山道へ入っていくことになってしまいました。普通、登りは1時間10分くらいとなっていますが、1時間半ほどをかけての歩きです。山荘でお茶ぐらいはしても、3時間そこそこをみておけば行って来られるでしょうというわけです。

紅葉はやはりロープウエーの中間駅「鍋平高原駅」近辺が良く、上部はモミやツガ、シラビソ類の樹林帯でしたが、天気が良く明るいので長引いている「風邪気」のはざまだった私でも、なんとか頑張れました。その夜泊まったのは栃尾の温泉民宿で、「宝山荘」というところでした。この宿がまたとても良かったのです。雰囲気がいい、料理がいい、接客がいい、朝風呂には入れるというわけで（それに料金もお値打ちだし……）、なんというか、私の誕生日にはうってつけのところでした。

その翌日、前の日にロープウエーの中間駅である「鍋平高原駅」で下の方を見たら、広い駐車場に乗用車がいっぱい駐車してあるのを見たので、今日はその鍋平高原へ行ってみようか、ということにしました。

新穂高から焼岳へ登るには中尾高原を通りますが、その中尾から左折すると、わりと早くロープウエー駅のすぐ近くまで行けるのです。

駅前の広場では、シンセサイザーの生演奏をやっていたりして、みんなのびのびと楽しそうです。もちろん紅葉は真っ盛りでいうことなし。私は温泉卵を注文。夫はうれしそうにソフトクリームをなめています。

空は真っ青で雲一つありません。穂高側、笠ケ岳側の展望は見飽きることがありません。時間のたつのを忘れます。中尾でもその道中でも見どころ、展望が良い場所はあり、その風景と明るさに大満足をした満85歳の誕生日でした。

（みのハイキングクラブ「会報」22・23・24号）

▲追記　山仲間が妻を取材

美濃市の某喫茶店にて、みのハイキングクラブの創始者の1人である澤田浅子さんにお話を伺いました。いつまでも元気で登り続けていらっしゃる浅子さんに、是非コツでも伝授していただこうと会報部4人張り切って臨みました。

まず、登り始めのころのお話です。まだ独身で22歳のときに、美濃中学校の伊吹山・夜行登山に参加。真っ暗な中を登り、朝、頂上から見た景色が箱庭のようにきれいでとても感動したそうです。それがきっかけで、どんどん山に行くようになりました。ご主人とも、仲間を交えてよく一緒に登られたそうです。

その頃はまだ車などなくて、ディーゼルカー、バスと乗り継いで行かなくてはならず、今なら日帰りできる山も2、3日かかりました。テントも重く、何もない避難小屋のときなどは荷物もたくさんになります。それを背負っていかなくてはならず、山で体が丈夫になったような気がしたとか。

28歳で結婚。子育て中は家でお留守番。上の子が3歳になったころから、山へ行ったご主人、善太郎さんの帰りを心配して待つより一緒に行った方が安心と、3人で山へ行くようになったそうです。登りはご主人が子どもを背負い、下りはバスに間に合わないかもしれないと、バスを止めておくために善太郎さんが先に下山。浅子さんが子どもを背負って下山。でもあるとき、小屋を閉めて下ってきた小屋の人がその姿を見てびっくりし、交代で背負ってくださったこともあったそうです。

2人の子どもが小学生になると、4人で家族登山に出かけました。西穂山荘は結婚10年の記念。初めての富士登山は子どもたちとでした。火口の周りを1周する「お鉢巡り」は良い思い出になっているそうです。

2人の子どもが少し大きくなると、自分たちで留守番をするからと言ってくれるので、善太郎さんと2人で山へ行くことが多くなりました。夜に岐阜大学の成人学校に通っていた時期、一度、台風のときにおしゅうとさんから行くのを止められたのですが、子どもたちが「お母さんは勉強に行くのだから、雨も風もないよ」と言ってくれて出かけたこともあったそうです。

とても多趣味な浅子さんですが、仕事、家庭、趣味にと、こうして長く続けてこられたのは、ご主人はもちろん、子どもたちの協力があったればこそだと話されました。

海外の山もたくさん登ってみえますねと伺うと、長い休暇をとらないといけないので、60歳を過ぎてからですよと言われびっくりしました。たくさんの記録も残してみえますね。

お鉢巡りの途中で
(1番左は長男の強、その隣が二男の朗)

トルコのカチカール山は、浅子さんが日本女性初登頂。台湾の玉山は77歳のときでしたが、女性最高齢だといわれたそうです。キルギスの山ペトロフスキー峰は、浅子さんが女性では最高齢の登頂です。海外の山では、キリマンジャロが一番印象に残っているとか。

――赤道直下であるにもかかわらず、氷河があり、白銀の世界が広がっていることにすごく感動しました。行く前には、高度順応のため富士山に登り、5合目まで下って翌日また登頂して家に帰りました。日本では北海道日高山脈の幌尻岳です。人が少なく、川の遡行もあり、花がとてもきれいでした。

浅子さんは、笑いながら失敗談もあるんですよと。北海道のカムイエクウチカウシ山でのことです。この山には三段滝があり、ヒグマが生息しているので、なかなか登れない山です。法政大学OBの方たちと登ることになり、浅子さんは2番手で岩を登っているときでした。つかんだ草がぬけて「あっ」と思いつつ崖から落ち、3回転して滝のすぐ手前で止まりました。ロープを投げてもらってなんとか戻ることができました。その時は緊張していて気づかなかったけど、体のあちこちを打っていて、その夜は痛くて食事の支度もできないほどでした。翌日病院へ行きましたが、打ち身だけで本当に運が良かったと思いました。

天候においてもそうでした。ほかの山々でも危険なことは少なく、恵まれたお天気で登れることが多かったのですよと。

100名山だけではなく、200名山、300名山、47都道府県最高峰も完登しましたが、300名山ともなると、そのころは登山道がはっきりしない山も多々ありました。今はインターネットで簡単に情報を得られますが、昔は大変でした。登山口とかの情報を得るために、現地へ行くとまず居酒屋へ向かいます。そこで山好きの人から情報を得ていたそうです。

そんな大変な思いをしての数々の山の踏破、素晴らしいですね。そして、ずっと登り続けてみえます。「とにかく長く続けることが一番ですね」と言われました。今は、毎朝40分は歩いています。山も10日に1回ぐらいは、どちらからともなく誘い合って登っています。

みのハイクも今年20周年を迎え、とても楽しい会になっていることに感謝しています。1日でも長く続けていってくださることを願っていますと、話されました。私たちも、それぞれが自分を鍛え、楽しく長く山登りができるように、頑張らねばと思いました。

浅子さん、今日は貴重なお時間をいただきまして、本当にありがとうございました。

（みのハイキングクラブ「会報」21号）

全国47都道府県最高峰・夫婦で完登の記録

都道府県	山 名	読み	標高メートル	登頂日	一口メモ
1 北海道	大雪山（旭岳）	たいせつざん	2291	1986.08.07	二人で3回は登った
2 青 森	岩木山	いわきさん	1625	1989.08.24	リフトの利用で悔い残る
3 岩 手	岩手山	いわてさん	2038	1989.08.22	リフト使わず、暗くなる
4 宮 城	蔵王山（屏風山）	ざおうざん	1825	2009.05.19	南蔵王で、残雪期登山に
5 秋 田	秋田駒ヶ岳（男女岳）	あきたこまがたけ	1637	2001.09.25	乳頭和賀焼石栗駒大平森吉神室の8山に
6 山 形	鳥海山（新山）	ちょうかいざん	2236	1990.08.19	車で徹夜で走り、仮眠して登頂
7 福 島	燧ケ岳（柴安嵓）	ひうちがたけ	2356	1987.05.04	GWの尾瀬はまだ豪雪だった
8 茨 城	八溝山	やみぞさん	1022	2000.05.02	山頂へ林道が通じ、楽をしてしまう
9 栃 木	白根山	しらねさん	2578	1988.09.19	日光白根山で、東照宮にも参拝
10 群 馬	白根山	しらねさん	2578	1988.09.19	〃
11 埼 玉	三宝山	さんぼうやま	2483	2009.04.30	雪上登山甲武信ヶ岳経由で登頂
12 千 葉	愛宕山	あたごやま	408	2009.05.02	自衛隊の基地内で許可を得て
13 東 京	雲取山	くもとりやま	2017	1987.01.03	凍てついた道でこわごわ……
14 神奈川	蛭ヶ岳	ひるがたけ	1673	1987.0101	ユーシンロッジで「おめでとう」
15 新 潟	小蓮華山	これんげさん	2769	1999.09.11	白馬岳登山への途次に
16 富 山	立山（大汝山）	たてやま	3015	1970（夏）	家族4人で、二男は3歳
17 石 川	白山（御前峰）	はくさん	2702	1960.07.25	何回登ったか分からぬくらい
18 福 井	三ノ峰南の2095メートル峰	さんのみね	2095	1995.08.14	白山～石徹白縦走時が最初
19 山 梨	富士山（剣ヶ峰）	ふじさん	3776	1978.08.12	少なくとも10回以上登る
20 長 野	奥穂高岳	おくほたかだけ	3190	1995.08.07	南岳・北穂・奥穂の縦走をする
21 岐 阜	奥穂高岳	おくほたかだけ	3190	2008.08.05	涸沢岳・奥穂・前穂の縦走
22 静 岡	富士山（剣ヶ峰）	ふじさん	3776	1978.08.12	海外登山の高所トレで登る
23 愛 知	茶臼山	ちゃうすやま	1415	1990.02.25	スキー場もあり、雪山登山
24 三 重	大台ケ原山（日出ヶ岳）	おおだいがはらやま	1695	1986.10.11	奈良県側からで、楽々登る
25 滋 賀	伊吹山	いぶきやま	1377	1995.08.27	何回登ったか数えきれず
26 京 都	皆子山	みなこやま	972	2009.10.24	47最後の山、山仲間－で登る
27 大 阪	大和葛城山	やまとかつらぎさん	959	1996.09.15	その後にも、また登った
28 兵 庫	氷ノ山	ひょうのせん	1510	1997.10.24	中国地方の山旅で何山も登った
29 奈 良	八経ヶ岳（八剣山）	はっきょうがたけ	1915	1990.11.18	大峰山系で近畿の最高峰

30　和歌山	龍神岳	りゅうじんだけ	1382	2009.06.13	護摩壇山の東にあり
31　鳥　取	大山（剣ヶ峰）	だいせん	1729	1994.10.01	弥山より、崩落の稜線たどる
32　島　根	恐羅漢山	おそらかんざん	1346	2009.09.21	内黒峠を越え牛小屋高原より山頂へ
33　岡　山	後山	うしろやま	1345	2009.09.23	キャンプ場より、クマ注意の看板多し
34　広　島	恐羅漢山	おそらかんざん	1346	2009.09.21	高原にキャンプ場スキー場で難なく登頂
35　山　口	寂地山	じゃくちざん	1337	2009.09.21	犬戻し峡谷を楽しみつつブナ林の山頂へ
36　徳　島	剣山	つるぎさん	1955	1992.01.01	下山時、道の氷結で足くじく
37　香　川	竜王山	りゅうおうざん	1060	2009.08.31	双耳峰で讃岐竜王、阿波竜王にも登る
38　愛　媛	石鎚山（天狗岳）	いしづちさん	1982	1992.05.04	この時は土小屋コースから
39　高　知	三嶺	さんれい・みうね	1893	1997.12.01	この時篠山、三本杭とで三山に登る
40　福　岡	釈迦岳	しゃかがたけ	1230	2009.09.19	最後は鎖を伝って山頂に立った
41　佐　賀	多良岳（経ヶ岳）	たらだけ	1076	2009.09.20	鎖場が続く鋭鋒は、快晴日和だった
42　長　崎	雲仙岳（平成新山）	うんぜんだけ	1486	2001.05.13	新山は立入り禁止で、雲仙岳に登頂
43　熊　本	国見岳	くにみだけ	1739	2001.05.16	この時、九州の山を８山登る
44　大　分	九重山（中岳）	くじゅうさん	1791	1989.01.02	２回登頂、この初回は雪山
45　宮　崎	祖母山	そぼさん	1756	1989.01.01	小屋の主の名刺肩書きに「百姓」と
46　鹿児島	宮之浦岳	みやのうらだけ	1936	1991.05.04	テントを担ぎ縦走した
47　沖　縄	於茂登岳	おもとだけ	526	2009.02.16	この山は石垣島にあった

※１　県境に存在して、２県共通の最高峰となる山が４座あるため、
　　　山座数としては、43 座になる。
※２　山名・標高データは山と渓谷社「山の便利張」準拠
※３　複数回登頂の山は多数あり。登頂日はその内のいずれかの日を記載。

私たち夫婦の山遊び（海外編）

国 名	山 名	標高メートル	年月	到達高度	参加者	備 考
スイス	ゴルナーグラート	3135	1996.07	展望広場	善 浅	初トレック、リッフェルアルプより登る
台湾	南湖大山	3742	1996.10	登 頂	○ ○	初めての台湾山岳
中国	エベレストＢＣ上部	5500	1998.05	到 達	○	チベット・ロンブク氷河出合まで
スイス	アラリンホルン	4027	1998.07	登 頂	○	高所順応の雪山（ザースフェー）
〃	メンヒ	4099	〃	〃	○	アルプス氷雪の山（ツェルマット）
〃	ユングフラウ	4159	〃	〃	○	氷と岩稜の山（ 〃 ）
〃	ブライトホルン	4164	〃	〃	○	雪と氷の山（ 〃 ）
〃	モンテローザ	4634	1998.08	〃	○	スイスの最高峰（ 〃 ）
〃	マッターホルン	4478	〃	〃	○	夢の山（ 〃 ）
台湾	雪山（セッザン）	3886	1998.11	〃	○	台湾第２の高峰
タンザニア	キリマンジャロ	5895	2000.01	〃	○ ○	アフリカ大陸最高峰
アルゼンチン	アコンカグア	6959	2001.01	6200メートル	○	南北米大陸最高峰、悪天で時間切れ
マレーシア	キナバル山	4095	2001.05	登 頂	○ ○	世界遺産・東南アジア最高峰
トルコ	カチカール山	3932	2001.06	〃	○ ○	黒海沿いにある雪山
フランス	モンブラン	4810	2001.07	〃	○ ○	ヨーロッパアルプス最高峰
オーストラリア	コジウスコ	2230	2002.03	〃	○ ○	オーストラリア大陸最高峰
韓国	雪嶽山	1708	2002.09	〃	○ ○	韓国第３位の高峰
キルギス	ペトロフスキー峰	4803	2003.07	〃	○	レーニン峰の前衛
ロシア	エルブルース	5642	2003.08	〃	○ ○	ヨーロッパ大陸最高峰
チリ	エルプロモ	5430	2004.12	5200メートル	○	アコンカグアへの高度順応行動
アルゼンチン	アコンカグア	6959	2005.01	5600メートル	○	高血圧によるドクターストップで
ネパール	カラパタール	5545	2005.10	登 頂	○ ○	エベレストの最接近展望台
カナダ	フェアビューマウンテン	2744	2006.07	〃	○ ○	バンフ国立公園
中国	大姑娘山	5025	2007.07	登 頂	○	四川省・四姑娘山の一峰
パキスタン	スパンティーク	7027	2007.08	6800メートル	○	隊にアクシデント発生で
アラスカ	フラットトップマウンテン	1065	2008.06	登 頂	○ ○	アンカレッジ近郊、最人気の山
韓国	ハンラ山	1950	2009.03	〃	○ ○	済州島にあり、韓国最高峰
インドネシア	バトゥール山	1717	2009.07	〃	○ ○	バリ島北部の活火山
台湾	玉山	3952	2010.05	〃	○ ○	台湾最高峰〈新高山〉

スイス	ファウルホルン	2168	2010.07	〃	○ ○	山上湖バッハアルプゼーを通って
スイス	オーバーロートホルン	3415	2010.07	〃	○ ○	山頂に雪、直下は崖となっていて
スイス	ブライトホルン	4164	2010.07	〃	○ ○	氷雪の山なれど好天に恵まれ
ネパール	チュルー最東峰	6038	2010.11	〃	○	ヒマラヤ初登頂
ネパール	チュルー南東峰	6429	2010.11	〃	○	ヒマラヤ登頂第２登
ペルー	ラ・ラヤ峠	4335	2011.10	通　過	○ ○	クスコ～プーノ間
〃	ワイナピチュ	2740	〃	登　頂	○	みのハイクの４人で
アメリカ	マウント・ホフマン	3307	2013.06	3100メートル	○ ○	時間切れ

登山用語

アイゼン	ドイツ語。英語ではクランポン。堅雪や氷の上を歩き登るため靴に付ける道具
エイト環	文字どおり８の字形の下降器の一つで、下降器には様々なものがある
カラビナ	開閉式の金属の輪。きわめて広範な用途があり、岩登りの必需品
カンテ	岩壁の、分かれ目になる稜角
ガリー	英語。フランス語でクーロワール。ドイツ語でルンゼ。岩壁に食い込む急な岩溝状の沢
ガレ場	山腹が崩壊して岩と岩が詰まっているところ。岩が細かく砕け砂利になっている所は「ザレ場」という
懸垂下降	クライミングダウン出来ない岩壁や氷壁をロープを使って下降する技術
コル	鞍部
ザイル	登山用のロープ
シェルパ	ネパールに住むボーチャ族の一部族。登山隊の案内人、荷役人としても活躍
シュリンゲ	きわめて広い応用範囲をもつ、４～９ミリ位のロープやナイロンテープ使用の輪。
スタンス	安定した姿勢が得られるような足場
チムニー	体全体が入るような大きな岩の裂け目
デポ	荷物や物品を、行程の途中に置いておくこと
登攀具	主に岩登りや雪山登山のための用具
トラバース	岩場の横断や、横に移動
徒渉	小さい川や沢などの浅い場所を歩いて渡ること
ナイフリッジ	ナイフの刃のように尖った、緩傾斜の岩稜や雪稜
ハーケン	ドイツ語。英語でピトン。支点を作るため、岩の細い割れ目にハーケンをハンマーで打ち込みむこと
ハーネス	岩登り、氷雪登攀時に必要な安全ベルト
バイル	ピッケルとハンマーの機能を兼ね備えた登攀用具
フェース	一般には面状の岩場
フィックスロープ	その場所の通過を容易にするものロープを固定すること
ベースキャンプ	（ＢＣ）最も下に建設される、登山の拠点となるキャンプ。そこから上方にC1（第１キャンプ）、C2、C3と次々に前進キャンプを設営し、最終キャンプから登頂する。
ホワイトアウト	吹雪や濃霧で、山と空の区別もつかなくなり、行動不能になること
ユマール	登高器。シュリンゲでハーネスに結ぶ。登りはスルスル、スリップして落ちると体が止まる
ルンゼ	ドイツ語。英語でガリー。フランス語でクーロワール。急な岩溝状の沢

※本書中の主な登山用語を収録

あとがき

「ぎふ百山から世界の山へ」という本を出したのは２００２年10月でしたので、もう18年以上たってしまいました。今回この本を上梓するにあたっては、その続編ということで、その後の山登り、山歩きの記録という面はもちろんあるのですが、私たち夫婦がもう「晩年」と呼ばれる段階を迎えていることから、思い出深いこれまでの人生の歩みをたどる、という点もかなり意識しました。

私たちが結婚したのは１９６１（昭和36）年の10月でしたので、２０２１年は金婚を通り越してダイアモンド婚を迎える年にあたります。そして２０２２年には二人とも満88歳、米寿ということになります。

さらに前回の本の出版からは20年目。そのような節目の年でもあることから、途半ばにてこれまでの生き様を振り返ってみようと思った次第です。

名もない一庶民の平凡な半生で、人様に語れるような内容ではありませんが、飾ることなくありのままをつづってみました。ご笑覧いただけましたら、こんなうれしいことはありません。

なお、この本の出版に当たりましては、岐阜新聞情報センター出版室長の浦田直人様をはじめスタッフの皆様に大変なお世話になりましたこと、末尾ながら、厚く御礼を申し上げます。

澤田 浅子

著者紹介

澤田 善太郎　　1934年 3月　岐阜県武儀郡美濃町に生まれる
澤 田 浅 子　　1933年10月　岐阜県武儀郡下牧村片知に生まれる
　現住所　〒501-3732　美濃市広岡町2942-15

カバー表／和紙ちぎり絵「安曇野」　澤 田 浅 子
カバー裏／写真「モンブラン」　澤田 善太郎

写真撮影／澤田善太郎

参考文献／『日本山名事典』徳久球雄、石井光造、竹内正（三省堂）

新聞記事提供／中日新聞

本書は主に「みのハイキングクラブ会報」に掲載された原稿を適宜、加除修正したもので、文体等はそのままにした。

日本三百名山から世界の山へ
山登り人生を振り返って

発 行 日　2021年4月1日
著　　者　澤田 善太郎、澤田 浅子
発　　行　株式会社岐阜新聞社
編集・制作　岐阜新聞情報センター 出版室
〒500-8822
岐阜市今沢町12　岐阜新聞社別館4F
TEL 058-264-1620（出版室直通）
印　　刷　西濃印刷株式会社

※ 価格はカバーに表示してあります。
※ 落丁本、乱丁本はお取り換えします。
 ISBN978-4-87797-299-8